ぎゅっと旅するパリ
暮らすように過ごすパリ

Essential
Paris
Guide

———

トリコロル・パリ
荻野雅代　桜井道子

Introduction

はじめに

ひとくちにパリ旅行と言っても、どんな風に旅するかはほんとうに人それぞれで
すが、なによりパリに滞在できる日数に左右されるところが大きいのではないで
しょうか。ほんの数日しかなければ優先スポットをぎゅっと効率的に見て回りた
いし、もう少し長くいられるなら、ゆったりと暮らすような気分で過ごしたい…
この本では、そんな異なる旅のスタイルをイメージしながら、「今パリを訪れるな
ら押さえておきたいスポット」と「時間に余裕があるなら行ってほしい場所」を、
大きく2つに分けてご紹介しています。

一方、「今日はスケジュールを詰めて、明日はのんびりしよう」といった風に、日に
よってメリハリをつけたいときもありますし、「これは興味があるから遠くても行く」
ということもあるでしょう。だから、2つのスタイルの組み合わせはもちろん自由。
パリでしたいことをなるべく多く実現できるような旅のプランニングに、きっと
お役に立てる一冊です。

コロナ禍で一時は飲食店や文化施設が一斉に閉まるという未曾有の状況を経験し
たパリですが、そんな苦難にもめげず、新しい美術館やショップ、レストランがど
んどんオープンしています。さあページをめくって、トリコロル・パリと一緒に、
変わり続けるパリの今を見つけにいきましょう。

Sommaire

CHAPITRE 1
ぎゅっと旅するパリ

CHAPITRE 2
暮らすように過ごすパリ

Concept

この本のコンセプト

パリでの滞在日数に応じて、「短期＝ぎゅっと旅するパリ」と「中長期＝暮らすように過ごすパリ」という2つの大きな章に分け、さらに、グルメ、ライフスタイル、ショッピング、アート、散策、カルチャー、ホテルという7つのカテゴリーごとに、どちらの旅のスタイルでもパリを最大限に満喫できるようなスポットを紹介しています。どのお店も、トリコロル・パリが実際に足を運び、カフェやレストランでは食事をした上で、心から皆さんにおすすめしたいと思えるアドレスだけを掲載しています。

///////////////////////////

ぎゅっと旅するパリ

- 滞在日数が3〜5日の人向け
- アクセスしやすい超中心地のスポット
- 絶対に足を運びたい有名美術館や観光スポットを網羅
- 今話題になっている旬のショッピング＆グルメなお店
- ファッション・雑貨・グルメが揃い、時短お土産探しができるパリのデパート

暮らすように過ごすパリ

- 滞在日数が1〜2週間の人向け
- アクセスに少し時間がかかるけれど、行く価値のあるスポット
- ゆったりと散策を楽しめる街歩きのアイデア
- パリ通好みの渋い美術館や穴場スポット
- 時間に余裕があるからこそ体験できるワークショップやカルチャースポット

///////////////////////////

「ぎゅっと旅」をベースに、ディナーは「暮らす旅」からチョイスするという風に、滞在日数に関係なく、自分が行きたい！と興味を持った場所を自由にミックスして楽しむのもおすすめです。じっくりと本を読み込んで、自分好みのパリ旅行を計画してみましょう！

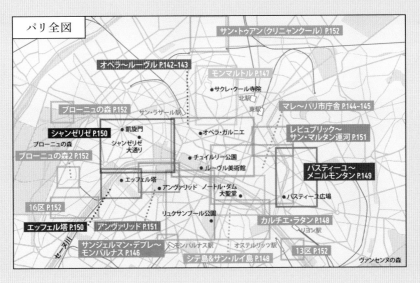

パリ全図

サン・トゥアン（クリニャンクール）P.152

オペラ〜ルーヴル P.142-143

モンマルトル P.147

●サクレ・クール寺院

北駅

サン・ラザール駅

東駅

マレ〜パリ市庁舎 P.144-145

ブローニュの森 P.152

シャンゼリゼ P.150

●凱旋門

●オペラ・ガルニエ

レピュブリック〜
サン・マルタン運河 P.151

ブローニュの森

シャンゼリゼ
大通り

ブローニュの森2 P.152

●チュイルリー公園

●ルーヴル美術館

バスティーユ〜
メニルモンタン P.149

●エッフェル塔

●アンヴァリッド　ノートル・ダム
大聖堂

●バスティーユ広場

16区 P.152

エッフェル塔 P.150

アンヴァリッド P.151

●リュクサンブール公園

カルチエ・ラタン P.148

リヨン駅

サンジェルマン・デプレ〜
モンパルナス P.146

モンパルナス駅

オステルリッツ駅

13区 P.152

シテ島＆サン・ルイ島 P.148

セーヌ川

ヴァンセンヌの森

20の区に分かれるパリの街は、山手線の内側に入るくらいの小ささ。メトロ1〜2駅なら歩いて回るのがベストです。セーヌ川を挟んで北側を右岸、南側を左岸と呼びます。

サンジェルマン・デプレ〜モンパルナス（P.146）

グルメとモード、アートを堪能できるシックな空気に包まれた左岸を象徴する地区。文豪たちが通ったカフェやビストロもある。

オペラ〜ルーヴル（P.142）

ルーヴル美術館やオペラ座、デパートがある地区。和食店や日系の旅行会社などが数多く並ぶ「日本人街」もあり、旅行者にとって心強い。

マレ〜パリ市庁舎（P.144）

貴族の邸宅や職人のアトリエと人気のクリエイターショップが共存し、新旧のパリが交差する今一番おしゃれな地区。

モンマルトル（P.147）

丘の上にあるサクレ・クール寺院からのパリの眺めは絶景。下町風情を残しつつも魅力的なショップやカフェ、レストランも多く並ぶ。

シャンゼリゼ（P.150）

世界で一番美しいと謳われるシャンゼリゼ大通りと凱旋門の姿は、何度見ても感動的。モンテーニュ大通りは高級ブティックが並ぶシックな通り。

エッフェル塔（P.150）

パリに来たら必ず訪れたいエッフェル塔。グルメなお店の多いサン・ドミニク通りやクレール通りまで、ぜひ足を延ばして。

レピュブリック〜サン・マルタン運河（P.151）

ゆったりと流れるサン・マルタン運河界隈は、おしゃれなショップやカフェが増えて注目のエリア。

カルチエ・ラタン（P.148）

学生街で手頃なレストランやホテルも多い穴場の地区。自然史博物館と植物園、リニューアルしたクリュニー中世美術館は特におすすめ。

シテ島＆サン・ルイ島（P.148）

セーヌ川に並んで浮かぶこの2つの島には、歴史を感じさせる趣と観光名所が共存している。

バスティーユ〜メニルモンタン（P.149）

職人街だった下町の雰囲気を残しつつ、若手クリエイターのおしゃれなショップも多い地区。

アンヴァリッド（P.151）

大使館や官庁が多い高級住宅地で、エスプラナード・デ・ザンヴァリッドの芝生は住民の憩いの場。

パリのきほん

もうすぐパリに旅立つ皆さんへ、これだけ知っておけばパリの旅がぐんと楽しくなる基本情報と旅のコツをご紹介します。

/////////////////////////

● 時差

日本との時差は8時間、サマータイム（3月の最終日曜日から10月の最終日曜日）は7時間です。フランスに到着したら時計の針を7または8時間戻しましょう。
＊今後サマータイムが廃止される可能性があります。

● 通貨とレート

通貨はユーロ（€）。2023年8月現在、1ユーロはおよそ159円です。クレジットカードは少額でも使えるお店が多く、緊急の際はVisaやMasterカードなら通りに面した壁に設置されているATMから現金を引き出すことができます。使用の際は4ケタの暗証番号をお忘れなく。

● 市内の移動

市内の移動はメトロが一番便利で、号線と終点の駅名さえ確認すれば簡単に乗りこなせます。チケットはメトロ全駅、パリ市内のRER、バス、トラム、モンマルトルの丘のケーブルカーに共通して使えます。紙のチケットの購入は1枚ずつのみで、2.1€。Navigo Easyという非接触型ICカード（2€）を窓口で買えば、割安な10枚まとめ買いチケット（16.9€）をチャージできます。ただし、メトロは駅と駅の間隔が1〜2分なので、待ち時間などを考えると歩いてしまった方が早いことも。ゴツゴツした石畳は歩きづらいので、履き慣れた靴を持ってくるのがベストです。バスはメトロに比べると路線が複雑

だったり、道路の混雑具合で時間が読めないため、初心者の方や時間がないときにはメトロをおすすめします。切符の価格・種類はこちらのページを参考にしてください。
https://tricolorparis.com/visiter/info_pratique/paris-metro-tickets

● 気候と服装

日本と比べて、日中と朝晩の気温差が大きく、天気が変わりやすいのが特徴です。また、季節を問わず気温は日本より低いことが多く、夏でも長袖を1枚持っていると安心です。にわか雨対策として折り畳み傘や帽子、フード付きパーカなど、夏は日差しが強いのでサングラスもお忘れなく。効率的な荷造りにトリコロル・パリの「パリの天気と服装カレンダー」を参考にしてください。
https://tricolorparis.com/meteo

● チップと税金

レストランやカフェではサービス料込みの代金になっており、チップは義務ではありません。感謝の気持ちを伝えたいサービスを受けたときには、小銭を少し置いていくといいでしょう。ホテルの清掃やベッドメイキングへのチップも義務ではありません。フランスでは、最高20%の付加価値税（TVA）がかかりますが、すべて内税で表示価格に含まれています。1つの店舗で同日に100.01€以上買い物した際は、免税手続きをお願いしましょう。

● フランスのマナー

お店で、ホテルで、レストランで…「Bonjour(ボンジュー・こんにちは)」、「Merci(メルシィ・ありがとう)」、「Au revoir(オヴォワー・さようなら)」、恥ずかしがらずにこの3つの言葉を使いこなせればきっと気持ちのいい旅ができます。ドレスコードのある場所は限られており、たとえ星付きのレストランでも日本人の感覚で普通にきちんとした服装ならまったく問題ありません。一方、日傘や長手袋などはフランスで使用している人がほとんどいないため、とても目立つと言えるでしょう。

● お水

フランスでは水道水も問題なく飲めます。無料のお水をお願いするときは、「Une carafe d'eau, s'il vous plaît.(ユヌ カラフ ド スィルヴプレ)」と言いましょう。有料のミネラルウォーターを注文するときは、無炭酸のお水は「eau plate(オー・プラットゥ)」、炭酸水は「eau gazeuse(オー・ガズーズ)」と頼みましょう。

● トイレ

街角にある公衆トイレは無料で使えますが、数はさほど多くありません。レストランや美術館など、トイレのある場所に立ち寄ったときは、こまめに行っておくのがよいでしょう。

● 治安

観光客を狙ったスリには、常に注意が必要。混雑する場所や蚤の市、メトロ乗車中はもちろん、観光地でアンケートへの協力を募り、注意を逸らして荷物を盗むといったスリも横行しているので、知らない人に話しかけられても安易に応じないことが大切です。現金やクレジットカードだけでなく、スマホの盗難も頻発しているので、テーブルの上に出したままにしたり、ポケットに入れたりしていると狙われる可能性が高くなります。また、街の中心部であっても、夜遅くに人通りのない道は通らないようにしましょう。
https://tricolorparis.com/visiter/info_pratique/vol-a-la-tire-paris/

● あれば便利な持ちもの

◇プラグアダプター:スマートフォンの充電器など、日本から持ってきた電化製品を使うのに必要。ただし、電化製品は240V対応でないと使用できない。
◇折り畳み傘・帽子・フード付きコート:急な雨に備えて、持っていると安心。
◇羽織もの・ストール:真夏でも必携。簡単に脱ぎ着できるものを。
◇スリッパ:一般的なホテルでは置いていないところがほとんど。
◇歯ブラシセット:アメニティにない場合が多いので持ってくると安心。
◇リンス:置いているホテルがほとんどなく、小さなスーパーでも見つかりにくいので持参がおすすめ。
◇ガムテープ:荷造りやお土産梱包の補強などなにかと便利。
◇密閉容器とジップ付きビニール袋:壊れやすいお菓子、液体や香りの強いものの梱包に。
◇ポケットティッシュ&ウェットティッシュ:フランスのポケットティッシュは価格が高く、ウェットティッシュは見つけにくいので持ってくると安心。

● 夏のバカンス

学校の夏休みは7〜8月の2ヶ月間ですが、多くのお店が休むのは7月下旬〜8月下旬にかけて。美術館や観光スポット、デパート、有名ブランド、チェーン店は通常通り営業しています。

● クリスマスと大晦日

12月24日のクリスマスイブと12月31日の大晦日は、どのお店も通常通り営業していますが、いつもより早めに閉まります。12月25日と1月1日は祝日でほとんどのお店や美術館が閉まります。

● 祝日

美術館が特別休館することが多いのは1月1日、5月1日、12月25日(まれに11月1日も)です。それ以外の祝日は、オープンしている場所が意外とありますが、念の為、店舗ごとに事前にチェックしておきましょう。
https://tricolorparis.com/visiter/info_pratique/jours_feries

Comment utiliser ce guide

この本の使い方

「ぎゅっと」旅も「暮らす」旅も効率良いプランが成功のカギです。エリア名やオープン時間、定休日などの情報をチェックして自分好みの旅をデザインしましょう。

///////////////////////////

星付きシェフの味をカジュアルに堪能

Frenchie Pigalle
フレンチー・ピガール　Map① B-3　①

オープン以来、予約の取れない人気店として知られる1ツ星レストラン「フレンチー」のセカンド店ができました！場所は、おいしいお店が集まるSOPI(ピガールの南)界隈にあるホテル「Grand Pigalle」の1階。宿泊客以外の人も気軽に利用できるレストランです。メニューを手がけるのはもちろん②通りの店舗目のオーナーシェフでもあるグレゴリー・マルシャン。モンマルトルという庶民的で雑多な気感を反映して、国際色豊かなミックスも楽しめる。より自由な発想の料理を提案したいと語るシェフの言葉どおり、しっかりとした技術を土台に、ツイストの効いた驚きのあるおいしさがどのお皿にも詰まっている。このレベルの料理をこの価格で味わえるのは貴重。昼も夜もオンライン予約は必須です！

店内はカジュアルな雰囲気。さまざまな国の素材やスパイスが融合したカラフルで美しい料理で楽しもう。

Data
⑤ 29 rue Victor Massé 75009
Ⓜ Pigalle②号
[カフェ] 毎日 7:00-10:30、
[ランチ] 月-金 12:00-14:30、
[ディナー] 毎日 18:30-23:00
休 無休
料 [昼] 2品24€、3品34€、
[夜] 前菜8€～、メイン28€～、
デザート11€～
frenchie-pigalle.com
@frenchiepigalle
系列店 Map① E-3

②②

① お店が載っているエリアマップをシリアルナンバーで示しています。P.142以降のエリアマップをご覧ください。見開き、または1ページ大のマップには座標が設けてあり、お店が探しやすくなっています。

② お店のあるエリア名。

③ ⑤ 住所表記は番地・通り名・郵便番号の順。郵便番号の下2ケタは区を示しています。
Ⓜ 最寄りのメトロの駅名・号線名(1〜14)。パリと郊外を結ぶ鉄道「RER」の駅名・路線名(A〜E)も入っている場合があります。
営 お店の営業時間
休 ショップやレストランは定休日のみ記載しています。祝日やバカンスに閉まっている場合があるので、事前にウェブサイトやインスタグラムで確認するのがおすすめ。また、美術館、観光スポットは、定休日の他に、閉館する祝日も書いています。ストライキなどで急に閉まることもあるので、こちらも念の為、当日確認するのがベターです。
料 お店の料金・予算目安
またスポットによっては以下の記載もあります。
開 美術館や庭園、施設のオープン時間
日 スクールやイベントの開催日程
予 スクールやイベントの予約の仕方
時 スクールやイベントの所要時間

④ お店のウェブサイトのURL。@マークはインスタグラムのアカウント。[X]と記載されている場合のみX(旧Twitter)のアカウントです。お店のメールアドレスが記載されている場合もあります。

⑤ 系列店もエリアマップには記載しています。プランを組む際には参考にしてください。

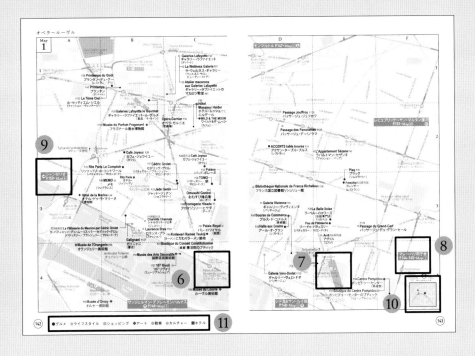

オペラ〜ルーヴル

6

メトロの駅と号線名。このパレ・ロワイヤル・ミュゼ・デュ・ルーヴル駅は、メトロ1号線と7号線が乗り入れています。

7

RERの駅と路線名。このシャトレ・レ・アール駅はRERのA線・B線・D線が乗り入れています。

8

この一帯が、別のエリアマップと重なっていることを示すサインです。この一帯で、グレー字で記載されているスポットは、**P.144〜P.145 Map 2**・マレ〜パリ市庁舎では黒字で記載されています。

9

矢印の入ったサインは、近接するエリアマップを示しています。

10

位置図。パリ全図のなかで、このエリアが占める位置を示しています。

11

●グルメ	♠ライフスタイル	■ショッピング
◆アート	●散策	●カルチャー	■ホテル

この本で紹介しているお店やスポットは、地図上ではカテゴリーを表すアイコンとともに記載しています。

CHAPITRE 1

ぎゅっと
旅するパリ

心待ちにしていたパリ旅行。
到着日と出発日は何かとバタバタするし、
ヴェルサイユ宮殿やモン・サン・ミッシェルに行くと、
パリで丸1日過ごせるのはたった数日…と考えると、
1秒たりともムダにせず、
したいことをすべて網羅したいですよね。
このページでは、私たちが実際に使っているパリでの時短テクや、
効率良く楽しむ極意をご紹介します。

Point 1
ベストな地区の組み合わせを研究

パリ全図(P.5)にある各地区を上手に組み合わせて、効率良く回れる自分なりの黄金コースを作るのがコツ。隣り合わせの地区を徒歩で回るのが基本ですが、行きたい場所が離れている場合はメトロを活用しましょう。12号線を使ったモンマルトル〜オペラ〜サンジェルマンや、メトロ1号線のシャンゼリゼ〜オペラ〜マレ〜バスティーユの組み合わせが私たちのお気に入り。

Point 2
徒歩とメトロ、ときどきタクシー

パリは歩いて回るのが一番！とはいえ、距離がある場合はやっぱりメトロが便利。本書では各スポットの最寄り駅を記載していますが、前後に訪れる場所次第では違う駅で下車して歩いた方が早い場合もあるので、その都度Google Mapで確認を。アクセスしづらい場所や夜遅い時間には、思い切ってタクシーやUberを利用するのも大切です。

Point 3
デパートをフル活用する

なんでも揃うパリのデパート(P.45)は、時間のない旅行者の味方！パリご当地グッズもセンスが良いので、友達にあげたくなるお土産が必ず見つかります。グルメ館やグルメフロア(P.29)には有名店の名品が勢揃いしているから、ここで一気に買っておくと後々ラク。気軽に食事できるスペースもあり、ついでにランチを済ませるのもおすすめ。

Point 4
事前チェックでムダ足を踏まない

サイトやインスタを通じて最新情報を届けるお店が増えているので、特に閉店の可能性のある祝日や夏のバカンスの前にはこまめにチェックを。DMで英語で質問すると返事をしてくれる場合もあります。気になったお店の価格帯が予算に合うかどうかも前もって確認しておきましょう。

Point 5
予約できるものは予約しておく

昼も夜も、行きたいレストランは予約が鉄則！ サイトの予約フォームやSNSのDMからチャレンジしてみましょう。予約せずにトライする場合は開店直後に行くと座れる確率が高いです。美術館も同じく、可能な限りネットで日時を指定してチケットを購入しておくのが時短への近道。入口には予約専用の列があるので、必ずそこに並びましょう。

Point 6
時短を求めるならホテルは中心地

ホテル選びはパリ旅行の成功のカギを握るポイント。「ぎゅっと旅する」ことを考えると、料金は高くても、にぎやかなオペラ、マレといった中心地がおすすめ。ホテル周辺で食事や買い物ができる便利さ、人通りが多く夜遅くでも帰りやすい安心感は大きな価値です。中心から離れる場合は、最寄り駅が徒歩3分圏内であることを条件に。また複数のメトロの号線が通っていると便利です。

「ぎゅっと」短期で
Parisを楽しみきる！

この本で紹介している、パリを「ぎゅっと」楽しめるスポットの中から、
私たちが特に注目する「トリコロル・パリの最推しアドレス」を
ピックアップしてチラ見せ！

A
Tour Eiffel
エッフェル塔

頂上から絶景を眺めたり、レースのよう
に繊細な鉄の装飾を間近で見たり、セー
ヌ川を挟んだトロカデロ広場から真正面
の姿を愛でたりと、楽しみ方はさまざま。
1時間おきのシャンパンフラッシュもぜひ！

——— **P.56**

B
Bourse de Commerce
ブルス・ド・コメルス

パリのど真ん中に2021年に誕生したこ
の新美術館は、安藤忠雄が内装を手がけ
たことで話題。16世紀の歴史的な建物に、
コンテンポラリーアートが展示されてい
るギャップが面白い新スポットです。

——— **P.49**

C
Ritz Paris Le Comptoir
リッツ・パリ・ル・コントワール

パリの老舗最高級ホテル、リッツのパティスリー。
2019年世界最優秀パティシエが生み出す絶品マ
ドレーヌは常温保存できてギフトボックスも素
敵なのでパリ土産の新定番になるかも！

——— **P.23**

© Bernhard Winkelmann

D

narro
ナロ

コスパ抜群、地元っ子たちにも愛される日本人シェフのレストラン。ホッとするおいしいお料理と、気さくなスタッフのくつろげる雰囲気で、フレンチにちょっと気おくれする方にもおすすめ。
—— P.19

© Kazuma Chikuda

E

Marin Montagut
マラン・モンタギュ

世界中からたくさんのファンが訪れる大人気の雑貨店。マランさんが描くイラストをあしらったグラスやお皿、ノートはとっておきのパリ土産に。雑貨好きさんは何時間あっても足りないかも。
—— P.30

F

Musée Carnavalet
カルナヴァレ博物館

パリ市の長い歴史を紹介する博物館。2021年にリニューアルオープンして、入館無料ながら、さらに魅力的な内容になりました。たくさんの展示品を眺めつつ、パリの今と昔を体感できます。
—— P.48

G

Les Trois Chocolats
レ・トロワ・ショコラ

おいしい店が集まるマレ界隈で高い支持を得る日本人ショコラティエ＆パティシエの人気店。味噌やきなこといった和食材を見事に融合させたショコラと、店名を冠したチョコケーキが最推し！

—— **P.21**

H

Samaritaine
サマリテーヌ

老舗デパートが長い改修工事を経て2021年にリニューアルオープン。アール・ヌーヴォー様式の歴史的建築と、日本の建築ユニット SANAA が設計を手がけたモダンなファサードの対比は必見です。

—— **P.45**

I

Eglise Saint Germain des Prés et les Cafés aux Alentours
サンジェルマン・デプレ教会とカフェ巡り

パリ最古の教会を中心に、芸術家たちが集った老舗カフェが並ぶこのエリアは、シックなパリ左岸を体感できる散歩スポット。カフェ・クレームとクロックムッシュ、オニグラスープを堪能して。

—— **P.52**

J
Jade Genin
ジャッド・ジュナン

ショコラ激戦地のパリ、しかも目抜き通りの一つ、オペラ大通りに誕生した新しいショコラトリー。名ショコラティエ、ジャック・ジュナンの娘さんが手がけていて、大きな話題を呼んでいます。
────── P.23

K
Paris Rendez-Vous
パリ・ランデヴー

パリ市が運営するお土産ショップ。老舗メゾンやクリエイターとコラボしたグッズが並び、普通のご当地グッズとは一線を画すセンスの良さが魅力。PARISの文字入りカラフェが最推し！
────── P.35

L
Maison Mère
メゾン・メール

オペラ地区からメトロで3駅のところにある新しい4ツ星ホテル。ザ・中心地からほんの少し離れるだけで、利便性やクオリティはキープしたまま、リーズナブルな価格で宿泊できます。
────── P.62

M
Polène
ポレーヌ

パリジェンヌはもちろん、世界中のおしゃれさんが手に入れたいイット・バッグが並ぶポレーヌ。「エミリー、パリへ行く」に登場したバケツ型バッグ Numéro Huit は要チェック！
────── P.40

棚に飾っておきたい美しい缶入り茶葉

Conservatoire des Hémisphères

コンセルヴァトワール・デ・エミスフェール [Map③ A-2]

サンジェルマン・デプレ

パリには、足を踏み入れただけで、その凛とした空気に魅了されるお店がありますが、2021年にオープンしたこの茶葉専門店もそんな場所のひとつ。木の棚にずらりと並ぶ金色の缶の中には、世界中の茶文化を研究してきたアリスさんが選ぶ、フランスではあまりお目にかかれないアジアやアフリカなどのさまざまな産地の茶葉が入っています。その向かい側には、たくさんの丸い筒がはめ込まれた専用の棚があり、アリスさんオリジナルのフレーバーティーが、まるで宝物のように隠されています。本物の果物やスパイスを加えて自然な香り付けをするのが彼女のこだわり。量り売り（100g～）で袋に詰めてもらえますが、せっかくだから、店名入りの美しい茶筒も一緒に求めておうちに連れて帰りましょう。

金色のロゴが美しい紙製の茶筒(7€)には、好きな文字を手書きしてくれるラベルのサービスもある。

Data

🏠 96 rue du Bac 75007
Ⓜ Rue du Bac⑫、
　 Sèvres Babylone⑩⑫
🕐 月-土 11:00-19:00
🚫 日
hemispheresparis.com
@conservatoire_des_hemispheres

ここに来れば今注目のケーキがわかる

Fou de Pâtisserie

フー・ドゥ・パティスリー［Map③ C-2］

サンジェルマン・デプレ

おいしいパティスリーをあれこれ試してみたいけれど、限られた時間では、パリに点在する人気店すべてを訪ね歩くのは至難のワザ。「フー・ドゥ・パティスリー」は、そんな旅行者さんの悩ましい問題を解決してくれるパティスリーのセレクトショップです。店内には、有名パティシエから今後注目を集めそうな期待のパティシエまで、季節に合わせてセレクトされた、今味わってほしいイチオシのケーキが並びます。それぞれ、作り手の顔写真と解説文が添えられているのもこの店ならではの特徴。気になるケーキを選んだら、併設のサロン・ド・テでゆっくり楽しみましょう。ほかにも、フランス各地から厳選したショコラやお菓子、ジャムなど、ここでしか手に入らないおいしいものが集まっています。

好きなケーキを店内で味わえるのは
旅行者にとってうれしいサービス。

Data

🏠 64 rue de Seine 75006
Ⓜ Mabillon⑩、
　 Saint Germain des Prés④
🕙 毎日 10:00-20:00
🈺 無休
foudepatisserieboutique.fr
@foudepatisserie
系列店 Map① E-3／Map④ B-4

地元っ子も推す日本人シェフのお店

narro

ナロ[Map 6]

カルチエ・ラタン

Data

- 72 rue du Cardinal Lemoine 75005
- Cardinale Lemoine⑩、Place Monge⑦
- 火-日 12:00-14:00／19:00-22:00(日は夜のみ)
- 月
- [昼]2品28€、3品34€、[夜]前菜14€〜、メイン26€〜、デザート12€〜

restaurantnarro.fr
@narro_restaurant

竹田シェフ。店名の「narro」とは、ラテン語で「話す」という意味の動詞で、このお店のなごやかな雰囲気にぴったり。予約がベターな人気店です。

カルチエ・ラタンに日本人シェフのおいしいビストロがあるらしいという噂をよく耳にするようになり、気になって訪れたのがこの「ナロ」でした。場所はグルメな店が並ぶムフタール通りのすぐそば。友達の家におよばれしたような温もりを感じさせる店内では、共同オーナーのトマさん＆めぐみさん夫妻をはじめ、気さくなスタッフたちが出迎えてくれます。シェフの竹田和真さんが作る料理は、メインとなる旬の食材のおいしさを引き出すために、食感や香り、味付けのバリエーションをバランス良くまとめたひと皿になっていて、目も舌もワクワクさせられます。さらに自然派ワインのセレクトが充実していて、ランチのコスパも最高とくれば、舌の肥えたフランス人の常連さんたちが足繁く通うのも納得のお店です。

© Kazuma Chikuda

穀物をテーマにした個性的なお店

Halle aux Grains

アール・オ・グラン［Map１ D-4］

ル
ー
ヴ
ル

安藤忠雄が内装を手がけた新美術館ブルス・ド・コメルス（P.49）の最上階に、ナイフで有名なラギオール村に店を構える最高峰の料理人ミッシェル・ブラスとその息子セバスチャンが手がけるレストランがあります。パリの街と美術館の中央ホールの両方が眺められるシックな店内では、かつて穀物取引所だったこの建物の歴史に敬意を表し、穀物や種、豆をさまざまな形で活用した料理やデザートが味わえます。どのお皿も独創的で、うれしい驚きに満ちています。

お皿やカトラリーからスタッフの制服まで
すべてこのお店のためにデザインされた。

／Data｜
🏠 2 rue de Viarmes 75001
Ⓜ Les Halles④、Louvre Rivoli①
🏢 毎日［昼］12:00-15:00、
　　［軽食・スイーツ］15:00-18:00、
　　［夜］19:30-24:00（火は夜のみ）
💤 無休
🎫 ［昼］3品56€、［昼夜］5品95€、7品115€
halleauxgrains.bras.fr
@halle_aux_grains_bras_paris

© Delphine CONSTANTINI

/////////////////////////////

／Data｜
🏠 31 avenue Franklin D. Roosevelt
　　75008
Ⓜ Franklin D. Roosevelt①⑨
🏢 火 19:30-21:30、
　　水-土 12:30-14:00／19:30-21:30
💤 日、月
🎫 水-金［昼のみ］3品130€、
　　水-土［昼］4品180€、6品250€、
　　［夜］3品180€、5品250€、7品350€
le-clarence.paris／@leclarenceparis

© Clemence Losfeld　　© Richard Haughton

夢のような空間でとびきりの食事を

Le Clarence

ル・クラランス［Map⑧］

シ
ャ
ン
ゼ
リ
ゼ

かつて貴族の邸宅だった豪華な館に、ボルドーワインの名門シャトーが所有する2ツ星レストランがあります。美しい調度品で飾られた、エレガントな内装にまずうっとりし、シェフのクリストフ・プレさんが生み出す、伝統と独創性が共存するお料理にワクワクします。カジュアルなビストロが多数派な時代ですが、このような「ザ・フレンチ」なお店でしかできない体験があり、ちょっぴり勇気を出して行ってみれば、一生忘れられない思い出になること間違いなしです。

ハードルが高いと感じる方には水〜金の
昼のみ選べる3品コースがおすすめ。

フランス人も認める絶品ショコラ

Les Trois Chocolats

レ・トロワ・ショコラ［Map②D-4］

骨董店が並ぶサン・ポール通りに、ショコラを
知り尽くしたパリジャンが通う日本人ショコラ
ティエのお店があります。オーナーの佐野恵美
子さんは、福岡の老舗チョコレート店の3代目。
2008年に渡仏し修業を積んだのち、2017年に自
分の店を構えました。きなこにはアーモンド、富山産の
柚子にはサヴォワのはちみつを加えるなど、食べやすさ
を緻密に計算したショコラに、和の食材に精通する佐野
さんの腕と自信を感じます。パティスリーを担当する木
村シェフが作るケーキは、日仏の最高品質の食材を絶妙
に融合させた、新鮮な驚きのある味わい。また、多様な
宗教が集まるマレ地区という土地柄、誰もが安心して楽
しめる食材の使用を心がけ、発想力を活かして地元に根
ざした店作りをする姿に感動します。

マレ

どのショコラにも、佐野さんが試行錯
誤を重ねた物語がある。店名を冠し
たうさぎ印のチョコケーキは初代か
ら受け継ぐ伝統の味。

/ Data |

🏠 45 rue Saint Paul 75004
Ⓜ Saint Paul ①
🕐 木 - 月 11:00-19:00
🚫 火、水、8月
les3chocolats.paris
@les3chocolats_paris

星付きシェフの味をカジュアルに堪能

Frenchie Pigalle

フレンチー・ピガール［Map④ B-3］

店内はカジュアルな雰囲気。さまざまな国の素材やスパイスが融合したカラフルで楽しい料理を楽しもう。

モンマルトル

オープン以来、予約の取れない人気店として知られる1ツ星レストラン「フレンチー」のセカンド店ができました！場所は、おいしいお店が集まるSOPI（ピガールの南）界隈にあるホテル「Grand Pigalle」の1階。宿泊客以外の人も気軽に利用できるレストランです。メニューを手がけるのはもちろん、ニル通りの1店舗目のオーナーシェフでもあるグレゴリー・マルシャン。モンマルトルという庶民的で雑多な空気感を反映して、国際色豊かなミックスを楽しめる、より自由な発想の料理を提案したいと語るシェフの言葉どおり、しっかりとした技術を土台に、ツイストの効いた驚きのあるおいしさがどのお皿にも詰まっています。このレベルの料理をこの価格で味わえるのは貴重です。昼も夜もオンライン予約は必須です！

Data

- 🏠 29 rue Victor Massé 75009
- Ⓜ Pigalle ②⑫
- 🕐 ［カフェ］毎日 7:00-10:30、
  ［昼］月 - 金 12:00-14:30、
  ［夜］毎日 18:30-23:00
- 🈺 無休
- 💰 ［昼］2品28€、3品34€、
  ［夜］前菜8€〜、メイン28€〜、
  デザート11€〜

frenchie-pigalle.com
@frenchiepigalle
系列店 Map① E-3

期待の新星ショコラティエ

Jade Genin

ジャッド・ジュナン［Map①C-3］

Data
🏠 33 avenue de l'Opéra 75002
Ⓜ Opéra③⑦⑧、Pyramides⑦⑭
🕐 火-金 11:00-19:00、
　　土 11:00-19:30、日 11:30-18:30
🚫 月
jadegenin.fr ／ @jade.genin

オペラ

チョコレートの巨匠ジャック・ジュナンの娘、ジャッドさんは1992年生まれ。一度は弁護士になったものの、やはり幼い頃から父の下で育んできたショコラへの愛に導かれ、2022年に自身のショコラトリーをオペラ大通りにオープンしました。コンコルド広場のオベリスクの先っぽやルーヴルのガラスのピラミッドをイメージしたというピラミッド形のボンボンショコラはひと口で食べられる絶妙なサイズ。旅からインスパイアされた自由な発想の味わいが楽しい。

美しいブティックの奥にアトリエがあり、
チョコレートを作る様子を外から覗ける。

/////////////////////

ホテル・リッツの極上マドレーヌ

Ritz Paris Le Comptoir

リッツ・パリ・ル・コントワール［Map①B-2］

Data
🏠 38 rue Cambon 75001
Ⓜ Madeleine⑧⑫⑭
🕐 月-土 8:00-19:00
🚫 日
💰 マドレーヌ1個3.5€、
　　パティスリー15€〜、
　　サンドイッチ13€〜
ritzparislecomptoir.com
@ritzparislecomptoir

オペラ

1898年創業の最高級パラスホテル「リッツ・パリ」のスイーツを宿泊せずとも味わえる、ありがたいブティック&サロン・ド・テが誕生。シェフ・パティシエのフランソワ・ペレの代名詞でもあるマドレーヌは、一度は試してほしい味。常温保存できてギフトボックスも可愛いのでお土産にぴったりです。他にも、魅力的なパティスリーやヴィエノワズリー、ランチにサンドイッチも店内で楽しめるので、好きな時間にふらりと立ち寄って、優雅な時間を過ごしましょう。

© Bernhard Winkelmann

© Bernhard Winkelmann

RITZ PARIS

2019年世界最高のパティシエに選ばれた
フランソワ・ペレの味を気軽に楽しめる。

© Florian Domergue

幸せな驚きをくれるレストラン

ACCENTS table bourse

アクサン・ターブル・ブルス［Map① D-2］

© Florian Domergue

互いに支え合いながら切磋琢磨しているあゆみさんとロマンさんの良い関係性が感じられるお店。使われる器もすべて2人の手作り。

オペラ

日本人の杉山あゆみさんがオーナー、かつシェフ・パティシエを務めるミシュラン1ツ星レストラン。アクセントや訛りを意味する店名の「アクサン」には、話し方を聞いて人それぞれの出身地が想像できるように、食材や作っている人のオリジンを感じてもらえる料理やデザートを作りたいという想いが込められています。あゆみさんが全幅の信頼を置くシェフのロマン・マイさんは、パリの名店だけでなく中南米など世界の厨房で得た経験を活かし、さまざまな食材の組み合わせで驚きの味を生み出します。コースの最後を締めるのは、季節の花や洋服から発想するというあゆみさんの繊細かつ大胆なデザート。星付きフレンチだからといって肩肘張らずに楽しめる、穏やかな空気をまとった素敵なレストランです。

Data

🏠 24 rue Feydeau 75002
Ⓜ Bourse③、Richelieu Drouot⑧⑨
🕐 火〜土 12:00-14:00／19:00-22:00、日 19:00-22:00
🚫 月
💶 [昼]3品52€、4品65€、6品100€、[夜]6品100€
accents-restaurant.com
@accents.table.bourse

© Florian Domergue
© Florian Domergue

TOMO

日本とフランスをつなぐ「どら焼き」

朋 [Map① C-3]

オペラ

代表的なパティスリー「パリ・京都」。ランチタイムには季節によって内容が変わる和食のメニューがあり、なかでも冬から春にかけて登場するカレーオムライスが人気。

日本通で和菓子の修業もしたというフランス人パティシエ、ロマンさんが、日本人和菓子職人の村田さんと2016年にオープンした「朋」は、どら焼きがスペシャリテのお店。手作りのつぶあんを焼きたての生地にはさんだ純和風はもちろん、どら焼きをベースに、日仏のお菓子を融合させたパティスリーをおいしい日本茶とともに楽しめると評判です。フランスの伝統菓子「パリ・ブレスト」をもじった「パリ・京都」は、シューの代わりにどら焼きの生地、あんこの代わりにプラリネクリームを使った一品。ラム酒の代わりに日本産ウィスキーをどら焼きに染み込ませた「ババ・オ・ウィスキー」も人気です。和菓子をよく知るフランス人パティシエが生み出すオリジナルな味、ぜひパリで体験してみてください。

Data

🏠 11 rue Chabanais 75002
Ⓜ Quatre Septembre③
　 Pyramides⑦⑭
🕐 毎日 12:00-19:00
　 （[昼]12:00-15:00）
🈺 無休
💴 どら焼き5€～、
　 パティスリー7.5€～、
　 ランチ1品15€

patisserietomo.fr
@patisserietomo
系列店 Map③ C-2

驚くべき砂糖不使用チョコレート

Alléno & Rivoire

アレノ・エ・リヴォワール [Map⑪]

3ツ星シェフのヤニック・アレノと、シェフ・パティシエのオレリアン・リヴォワールが、その才能と技術を注ぎ込んだ新しいチョコレート屋さん。環境と健康を考慮し、砂糖の代わりに白樺の樹液を使っていることが最大の特徴で、飽きのこないさっぱりした甘さが魅力です。レストランでの経験豊かな2人だけに、ガナッシュの風味も料理を構築するように旬の素材で創作されます。フルーツのおいしさと食感を白樺糖で閉じ込めたコンフィも一度は味わいたい名品。

グルメなお店が立ち並ぶパリ7区の商店街、クレール通りからすぐの場所にある。

Data

🏠 9 rue de Champ de Mars 75007
Ⓜ Ecole Militaire⑧
🕐 火−土 10:00-19:30
🚫 日、月
chocolat-allenorivoire.fr
@allenorivoirechocolat

//////////////////////////

パリ一番の映えパティスリー

Cédric Grolet

セドリック・グロレ [Map① C-3]

若くして最高級ホテル「ル・ムーリス」のシェフ・パティシエに就任し、その類い稀な才能で、今世界で最も注目されているパティシエとなったセドリック・グロレ。2019年にオープンしたこのお店では、ホテルとはまた違った、彼の世界観が存分に表現されています。2階にはサロン・ド・テもあり、常に行列ができているので、ネット予約しておくのがおすすめ。芸術作品のような美しさをたたえるヴィエノワズリーやパティスリーは、並んでも味わいたい逸品です。

Data

🏠 35 avenue de l'Opéra 75002
Ⓜ Opéra③⑦⑧、Pyramides⑦⑭
🕐 水−日 9:30-17:30
🚫 月、火
🍴 コーヒー4€、クロワッサン5€、
　　パティスリー18€
cedric-grolet.com
@cedricgroletopera
系列店 Map① B-3

中はふわふわ、外はパリパリの極上のクロワッサンもこの店の人気商品。並ぶ価値あり！

お財布にやさしいパリの大衆食堂

Bouillon République
ブイヨン・レピュブリック[Map⑩]

┌ **Data** ┐
- 🏠 39 boulevard du Temple 75003
- Ⓜ République ③⑤⑧⑨⑪
- 🕐 毎日12:00-24:00
- 🚫 無休
- 🍴 前菜2.5€～、メイン8.5€～、
　　デザート2.8€～
bouillonlesite.com ／ @bouillonlinsta
系列店 Map④ B-3

レピュブリック

19世紀のパリで誕生し、大流行した「ブイヨン」と呼ばれる大衆食堂のスタイルが、今また、パリジャンたちにウケています。ブーム再燃の立役者となったピガール店に次いで、こちらの2店舗目がオープン。最大の魅力は他にはない安さ！　定番のビストロ料理が揃い、前菜とデザートはほとんどが4€以下、メインも10€以下で楽しめるものがたくさん。予約せずに行列に並んでもOKですが、時間のない旅行者さんは事前のネット予約がおすすめ。

1932年創業のアルザス料理店の内装をそのまま引き継いだ店内の装飾も必見。

© Benoit Linero
© Benoit Linero

/////////////////////////

┌ **Data** ┐
- 🏠 23 rue Saint-Augustin 75002
- Ⓜ Quatre Septembre ③
- 🕐 月-金 9:00-18:00、土 10:00-19:00
- 🚫 日
- 🍴 ランチ＋デザート＋ドリンク13.5€～
cafejoyeux.com ／ @cafejoyeux
系列店 Map⑧

広がるインクルーシブ・カフェの輪

Café Joyeux
カフェ・ジョワイユー[Map① C-2]

オペラ

笑顔の男性のロゴが目印の「カフェ・ジョワイユー」は、ダウン症などの障害を抱える人たちが中心となって働くインクルーシブ・カフェ。2017年の誕生以来、フランス各地に10店舗以上がオープンし、日常の風景に溶け込んでいます。「陽気なカフェ」の名の通り、いつもハッピーな空気が漂う店内では、コーヒーはもちろん、おいしい日替わりランチやキャロットケーキといったスイーツを楽しめます。ロゴ入りトートバッグやデミタス、コーヒー豆をお土産に！

笑顔の男性のロゴがトレードマークで、元気になれる黄色がシンボルカラー。

ぎゅっと旅する　グルメ

Galeries Lafayette le Gourmet

ギャラリー・ラファイエット・ル・グルメ
[Map① B-1]

オペラ

パリの人気スイーツや世界の上質グルメ、厳選された生鮮食品やフランス各地のお菓子、手早く食べられるイートインコーナーなどが3フロアに広がり、フランスの食のトレンドが体感できる場所。

© Lisa Klein Michel

🏠 35 boulevard Haussmann 75009
Ⓜ Chaussée d'Antin La Fayette⑦⑨
🕐 月-土 9:30-21:30、日 11:00-20:00　🚫 無休
gourmet.galerieslafayette.com／@galerieslafayette

La Belle Iloise

ラ・ベル・イロワーズ[Map① E-3]

オペラ

1932年にブルターニュ地方で創業した魚介の缶詰のエキスパート。アンチョビやオイルサーディン、サバのマリネのほか、オマール海老の缶入りスープも絶品！レトロなイラストも可愛い。

🏠 53-55 rue Montorgueil 75002
Ⓜ Etienne Marcel④、Sentier③
🕐 火-日 10:00-19:30　🚫 月
labelleiloise.fr/fr／@labelleiloise
系列店 Map③ B-3／C-2

////////////////////////

Printemps du Goût

プランタン・デュ・グー[Map① B-1]

オペラ

メンズ館最上階に、クオリティの高い伝統フレンチやヘルシーデリなどが一堂に会するグルメフロア。テラスからの眺めも最高。パリ土産を探すなら、7階のフランス名産グルメコーナーへ。

© MANUEL BOUGOT

🏠 64 boulevard Haussmann 75009（メンズ館8階）
Ⓜ Havre Caumartin③⑨
🕐 月-土 10:00-20:00、日 11:00-20:00　🚫 無休
printemps.com／@printempsdugout

La Grande Epicerie de Paris

ラ・グランド・エピスリー・ドゥ・パリ
[Map③ A-3]

サンジェルマン・デ・プレ

ル・ボン・マルシェ(P.45)本館に隣接する食品館。左岸らしいセレブな雰囲気が漂い、美しいパッケージの洗練された商品がずらりと並びます。ロゴ入りエコバッグなど多数あるグッズも買いです！

🏠 38 rue de Sèvres 75007
Ⓜ Sèvres Babylone⑩⑫
🕐 月-土 8:30-21:00、日 10:00-20:00　🚫 無休
lagrandeepicerie.com／@lebonmarcherivegauche

パリへの愛があふれる幸せな空間

Marin Montagut

マラン・モンタギュ [Map 3 B-3]

マランさんのパリ愛がそこかしこに感じられる可愛い店内は、どこを切り取っても絵になる。

サンジェルマン・デプレ

リュクサンブール公園のすぐ近く、左岸らしい穏やかな空気が流れるマダム通りにある「マラン・モンタギュ」は、南仏トゥールーズ出身のイラストレーター、マランさんが手がける素敵な雑貨店。

19歳で上京し、一瞬にしてパリに恋に落ちたと語る彼が生み出す世界観は、どこか、日本の私たちがパリに憧れる気持ちと重なります。雑多なものがにぎやかに並ぶ、20世紀初めの骨董商を思わせる店内には、マランさんのイラストで彩られた吹きガラスのグラスや陶製のお皿、マグカップ、紙箱やノート、スカーフなどと並んで、蚤の市で掘り出してきたアンティーク雑貨も売られています。どの棚もうっとりする可愛さで、時間を忘れて眺めてしまいます。パリの思い出になるお気に入りを見つけて！

Data

🏠 48 rue Madame 75006
Ⓜ Rennes ⑫
🕐 月-土 11:00-19:00 (月は13:00-)
🚫 日
marinmontagut.com
@marinmontagut

美しいオブジェのような白い器

Alix D Reynis

アリックス・デ・レニス[Map[2] E-2]

┌ Data ┐

🏠 14 rue Commines 75003
Ⓜ Filles du Calvaire⑧、
　　Saint Sébastien Froissart⑧
🕐 月 - 土 11:00-19:00
休 日
alixdreynis.com ／ @alix.d.reynis
系列店 Map[3] C-2

濃藍色の棚とコントラストをなすように並ぶ白いお皿たち……ここは、かつて彫刻家だったアリックスさんが手がける磁器とアクセサリーのお店。18世紀ごろの装飾芸術に惹かれるという彼女は、美術鑑賞がインスピレーションの源。手に取ったときに、誰もが心安らげるような古き良き時代の器をイメージしながら、自らの手で鋳型をひとつずつデザインしています。フォルムがよく見えるという理由から、白い磁器を好んで作るところにも、彫刻家らしいこだわりが感じられます。毎日使いたいお皿やマグカップはもちろん、部屋にパリらしさをプラスしてくれる花器やランプシェードも素敵です。お店の一角に飾られたアクセサリーは、アリックスさんらしい気高く、大人っぽいデザインが魅力です。

マレ

棚に並ぶお皿やカップをひとつひとつ、じっくり眺めているとあっという間に時間が経ってしまう。

ぎゅっと旅する　ライフスタイル

まだ誰も知らないパリの素敵な隠れ家

La Maison Nad Yut

ラ・メゾン・ナッド・ユット [Map 7 B-4]

バスティーユ

39番地のプレートがある扉をくぐると、小さな中庭に隠れるように佇むお店があります。かつての厩舎をオーナーのダン・チュイさんが自らリフォームし、リビング、キッチン、ダイニング、寝室と、まるで一軒家に訪れたような楽しさのある空間を作りました。家具、食器、食品、リネン、文房具など、お店に置いてあるものはもちろんすべて買うことができ、どのアイテムにもダン・チュイさんの目利きぶりとセンスの良さが光ります。こんな部屋で暮らしたい！と思わせるディスプレイには、自宅インテリアに活かせるアイデアがたくさん詰まっています。旅行者にあまり馴染みのない地区ですが、シャロンヌ通りや周辺の小道には可愛い洋服屋さんやおいしいレストランが並んでいるので、ぜひ歩いてみて。

自然光がたっぷり入るリビングスペースにいると、まるでダン・チュイさんのアパルトマンに招かれたような気分になる。

Data
🏠 39 rue de Charonne 75011
Ⓜ Ledru Rollin ⑧、
　 Bastille ①⑤⑧
🕐 火-土 11:00-19:30
🚫 日、月
nadyut.com ／ @lamaisonnadyut

ぎゅっと旅する ライフスタイル

Data

🏠 29 rue de Rivoli 75004

Ⓜ Hôtel de Ville ①⑪

🕐 月 - 土 10:00-19:00

🈺 日

paris.fr/lieux/paris-rendez-vous-17644

@boutiqueparisrendezvous

レア度の高いパリ土産ならここ！

Paris Rendez-Vous

パリ・ランデヴー[Map ② C-3]

パリ市庁舎

お菓子以外のお土産探しに迷ったらぜひここへ。気の利いたおしゃれな雑貨が見つかる。

　荘厳なネオルネッサンス様式のファサードを持つパリ市庁舎。美しい建築を外から愛でておしまい、という人が多いかもしれませんが、実は、市庁舎の中にとっておきのお店が隠れています。

　目印の看板が立つリヴォリ通り沿いの入口から、簡単なセキュリティチェックを済ませて中に入ると、右手にはパリ観光局のインフォメーション、左手にはパリ市オフィシャルのギフトショップがあります。老舗店やクリエイターとコラボした、パリをモチーフにしたいろんな商品が並んでいますが、どれもセンスが良く、さすがはパリとうならされます。ロゴ入りのカラフェやマグ、エッフェル塔柄のお茶やお菓子、パリの街並みのトートバッグや文房具など、ここでしか手に入らないお宝を日本へ連れて帰りましょう。

Data

- 🏠 56 rue Saint Antoine 75004
- Ⓜ Saint Paul ①、Bastille ①⑤⑧
- 🕐 月-土 10:00-20:00、日 11:00-19:00
- 🚫 無休
- avril-beaute.fr／@avrilcosmetiques
- 系列店 Map ① E-3

お手頃価格の上質オーガニックコスメ

Avril

アヴリル［Map ② E-4］

マレ

フランス生まれの「アヴリル」は、オーガニック認証はもちろん、大半の商品を国内で製造し、過剰包装の削減、工場での省エネなど環境保全にも力を入れる信頼できるブランドです。良いものをより多くの人に使ってもらいたいという理念から、広告費を抑え、驚くほどリーズナブルな価格で提供している点も人気の理由。品質にこだわっているだけあり、どの商品もお値段以上な優秀さ。フェイス＆ボディケアからメイク、男性や赤ちゃん用まで種類も豊富です。

パッケージもシンプルでエコ、10€以下で買える商品がたくさんあって良心的。

////////////////////////

文学の香りがするトートバッグを記念に

Shakespeare and Company

シェイクスピア・アンド・カンパニー［Map ⑥］

Data

- 🏠 37 rue de la Bûcherie 75005
- Ⓜ Cluny La Sorbonne ⑩、
  Saint Michel ④
- 🕐 月-土 10:00-20:00、
  日 12:00-19:00
- 🚫 無休
- shakespeareandcompany.com
- @shakespeareandcoparis

カルチエ・ラタン

セーヌ左岸の小道に佇む1951年創業の英語書籍専門書店。お金に困った若き作家たちを寝泊まりさせていたという逸話もある名物店で、天井まで本がぎっしりと積み上げられた店内に足を踏み入れると、その頃の作家たちの熱気が伝わってくるよう。現在は、書籍を求める人だけでなく、人気のトートバッグを目当てに世界各地から多くの旅行者が訪れます。併設のカフェで、ノートル・ダム大聖堂を眺めながらのんびりするのも素敵な時間の過ごし方ですね。

昔から変わらないファサード。季節や時間帯によって長い行列ができていることも。

Boutique du Centre Pompidou

ポンピドゥー・センターのブティック
[Map 2 C-2]

ポンピドゥーのショップだけに、手の届く価格のアートなオブジェやデザイン性の高い雑貨、アート系の書籍が豊富で、見るだけでもワクワクします。

パリ市庁舎

merci

🏠 Place Georges Pompidou 75004
Ⓜ Rambuteau⑪、Hôtel de Ville①⑪
⌚ 月、水-日 11:00-21:00 🚫 火、5/1
boutiquesdemusees.fr/fr/boutique/musees/
musee-national-art-moderne-centre-pompidou

Merci

メルシー [Map 2 E-2]

パリに来たら必ず足を運んでほしいコンセプトストア。ここに並ぶ服や雑貨を見てまわるだけで、今のパリの空気が分かります。ロゴ入りトートバッグを記念にひとつ。併設のカフェも素敵です。

マレ

🏠 111 bd Beaumarchais 75003
Ⓜ Saint Sébastien Froissart⑧
⌚ 月-木 10:30-19:30、金-土 10:30-20:00、
日 11:00-19:00 🚫 無休
merci-merci.com ／ @merciparis

//////////////////////////

107 Rivoli

107リヴォリ [Map 1 C-4]

装飾芸術美術館のショップには、アートブックや紙もの、デザイン史に残る生活雑貨など、ここでしか手に入らない品々が幅広く揃います。たとえ美術館に行かなくても立ち寄ってほしい場所。

ルーヴル

🏠 107 rue de Rivoli 75001
Ⓜ Palais Royal Musée du Louvre ①⑦
⌚ 火-日 11:00-18:30(木は-21:00)
🚫 月、1/1、5/1、12/25
boutique.madparis.fr

Boutique du Conseil Constitutionnel

憲法院のブティック [Map 1 C-3]

法律の合憲性などを監視する憲法院のブティックがパレ・ロワイヤルの一角に誕生。「自由・平等・博愛」「共和国」などのキーワードをちりばめたフランスらしい素敵な雑貨や文具が見つかります。

ルーヴル

🏠 24 Galerie de Chartres 75001
Ⓜ Palais Royal Musée du Louvre ①⑦
⌚ 火-日 11:00-17:00 🚫 月
boutiquesdemusees.fr/fr/boutique/musees/
conseil-constitutionnel

世代にこだわらない自由な服

Soeur

スール［Map③ C-3］

姉、妹を意味する「Soeur」という名前の通り、このブランドを手がけるのはドミティーユとアンジェリックの二人姉妹。2008年に左岸のボナパルト通りに最初の店をオープンして以来、フランス国内に20軒以上の路面店を展開、さらにアメリカやイギリス、スペイン、韓国など、海外の百貨店やセレクトショップにも置かれるマストブランドとなりました。上質な素材と着心地の良さを追求したデザインは、上品なハリ感があり、どんな世代の女性もさらりと着こなせるのが魅力。ブラウス、パンツ、ニット、ワンピなど、どのアイテムも甘さとクールさが共存する、ジェンダーをあまり感じさせないドライな雰囲気がいかにもパリらしいブランドです。モード感高めのバッグや靴、アクセサリーもおすすめ。

トップス60〜200€、ワンピ200〜300€の価格帯だが、長く大切に着たい服に会える店。

/ Data |

住 88 rue Bonaparte 75006
Ⓜ Saint Sulpice ④、Rennes ⑫
営 月-± 10:30-19:00
休 日
soeur.fr／@soeur_paris
系列店 Map② D-3／E-2
　　　 Map③ B-2／Map⑦ B-4
　　　 Map⑩

入荷したら即ゲット！の超人気バッグ

Polène

ポレーヌ [Map ① C-3]

オペラ

長く使い続けられるパリらしさをまとったバッグを作りたいと、エルザ、マチュー、アントワーヌの三姉弟が2016年にスタートした「ポレーヌ」。上質なカーフレザーのなめらかな手触り、優しい曲線を描くピュアなデザイン、そして、定番の黒や茶に加えて、ローズやサンドベージュといった豊富なニュアンスカラーがパリジェンヌの心を捉え、瞬く間にパリの人気ブランドに。丈夫で使い勝手の良いところも、彼女たちのお眼鏡にかなった理由のひとつ。最近では、人気ドラマ「エミリー、パリへ行く」に登場し、世界中の皆が憧れるイット・バッグになりました。お店の前には行列ができることもあり、その人気ぶりがうかがえます。いろんなモデルをひとつひとつ手にとって、お気に入りを見つけてください。

バッグの世界観をそのまま体現したようなミニマルでクリーンな空間は、いつも世界各国から訪れるファンたちでにぎわっている。

|Data|

🏠 69 rue de Richelieu 75002
Ⓜ Quatre Septembre ③、
　 Pyramides ⑦⑭
🕐 毎日 11:00-19:30
🚫 無休
polene-paris.com ／ @polene_paris

パリジェンヌのワードローブを拝見

L'Appartement Sézane

ラパルトマン・セザンヌ [Map① E-2]

オペラ

オンラインショップからスタートし、知る人ぞ知る存在だった「セザンヌ」は、誕生から10年の間に、パリはもちろん、ロンドン、ニューヨーク、アムステルダムなどにも店舗を持つパリジェンヌ・スタイルを象徴するブランドになりました。自然光が窓からいっぱい降り注ぐ明るい店内には、アンティーク風の家具やお花、雑貨などがセンス良く配置され、まるでパリのアパルトマンにお邪魔したような気分が味わえます。人気の高いブラウスやワンピースをはじめ、どのアイテムも、シンプル＆ベーシックなスタイルに今っぽさをプラスしたデザインで、アイデア次第でキュートにもクールにも着こなせる自由度の高さがパリジェンヌに支持される理由。いろいろなモデルが揃うバッグも人気の定番商品です。

© Balay Ludovic

こんな場所で暮らしてみたい、まさに夢のようなアパルトマン！

Data

🏠 1 rue Saint Fiacre 75002
Ⓜ Bourse③、
　Grands Boulevards⑧⑨
🕐 火〜土 11:00-20:00（土は10:00-)
🈺 日、月
sezane.com ／ @sezane
系列店 Map② C-3 ／ Map③ A-2

チェーンはアズキチェーンかボールチェーンの2種類、40〜80cmまで5種類の長さから選べる。

マレ

パリの記憶をペンダントに刻んで

Nouvel Amour

ヌーヴェル・アムール［Map 2 E-2］

素敵なお店が集まる北マレで、落ち着きあるモスグレーのファサードがひときわ目を引く「ヌーヴェル・アムール」は、シンプルでありながら、個性のあるおしゃれを求めるパリジェンヌたちに長年愛されるアクセサリーショップです。定番は、ゴールドやシルバーのメダルに好きなフレーズを刻めるネックレスやブレスレット。パリの思い出や大切な人への贈り物に、世界でひとつだけのビジューをその場でカスタマイズして、すぐに持ち帰ることができるのは旅行者にとってもうれしいサービス。リーズナブルな価格も魅力的です。petit bonheur（小さな幸せ）、comme un rêve（夢みたい）、tu es le soleil contre moi（あなたは私を照らす太陽）といったフランス語が刻まれたメダルもたくさん並んでいるので、ぜひお気に入りを見つけて。

／Data

🏠 10 rue des Filles du Calvaire 75003

Ⓜ Filles du Calvaire ⑧

🕑 月-土 10:30-19:00

🚫 日

nouvelamour.fr ／ @nouvelamourparis

フランスの海辺の空気を首元にまとう

Inoui Editions

イヌイ・エディションズ [Map③ C-3]

/ Data /
住 21 rue de l'Odéon 75006
M Mabillon⑩、Odéon④⑩
営 月-土 10:30-19:30
休 日
inoui-editions.com ／ @inoui_editions
系列店 Map② D-3

サンジェルマン・デ・プレ

デザイナーのリズと画家のマチルドが2009年に立ち上げたスカーフブランド。北フランスの湾岸の町、サン・ヴァレリー・シュル・ソンムにアトリエを構え、海辺の自然から得たインスピレーションをもとに、スカーフやストール、バッグ、雑貨をデザインしています。リズが思い描くイメージを、マチルドが繊細で色鮮やかなデッサンで表現する草花や動物のモチーフは、絵画のように美しく、まさに inouï（今まで見たことのない、稀有）な魅力を秘めています。

さらりとまとうだけでおしゃれ度がアップする個性的なスカーフがたくさん。

/////////////////////////

/ Data /
住 34 rue de Charonne 75011
M Ledru Rollin⑧
営 月-土 10:00-19:00
休 日
fr.sessun.com ／ @sessun
系列店 Map② D-3／E-2

パリジェンヌのリアルクローズ

Sessùn

セッスン [Map⑦ B-4]

バスティーユ

日本未上陸のパリジェンヌ御用達ブランドは？と聞かれたら、迷わず挙げる名前のひとつ。モンペリエ出身のデザイナー、エマ・フランソワが生み出す洋服は、詩的な繊細さと南仏らしいヘルシーな可愛らしさがうまくブレンドされていて、着る人の好みや年齢に応じて色んな表情を見せてくれます。数ある定番アイテムの中でも、さらりと羽織るだけでキマるシャツが特におすすめ。誕生から25年以上経っても古びることのない、パリの愛されブランドです。

© Victoria E. Paternó　　© Victoria E. Paternó

数ある店舗の中でも、このシャロンヌ通りの第1号店はディスプレイもキュート。

ぎゅっと旅する　ショッピング

Galeries Lafayette

ギャラリー・ラファイエット
[Map①C-1]

オペラ

高級ブランドからクリエイター系、バッグ、靴までパリの流行を一巡でき、時間のない旅行者には何かと便利なスポット。6階の土産コーナーには、ノベルティグッズやパリならではの品がたくさん！

Printemps

プランタン[Map①B-1]

オペラ

1865年創業の老舗デパート。本館をはじめ、メンズ館やコスメ館も常にリニューアルし続け、時代の最先端をゆく姿勢が魅力。歴史あるガラスドームの天井や屋上テラスからの眺めは必見。

🏠 40 boulevard Haussmann 75009
Ⓜ Chaussée d'Antin La Fayette⑦⑨
🕐 毎日 10:00-20:30(日・祝は11:00-)　❌ 無休
galerieslafayette.com／@galerieslafayette

🏠 64 boulevard Haussmann 75009
Ⓜ Havre Caumartin③⑨
🕐 毎日 10:00-20:00(日は11:00-)　❌ 無休
printemps.com／@printemps

//////////////////////////

Le Bon Marché

ル・ボン・マルシェ[Map③A-2]

サンジェルマン・デプレ

1852年に創業した世界最古のデパート。トレンドの最先端を行きながらもエレガントさを失わない唯一無二のセレクトで、多くのパリジャン、パリジェンヌたちから愛され続けています。

Samaritaine

サマリテーヌ[Map②A-3]

パリ市庁舎

大規模な改修工事を経て2021年にリニューアルオープン。アール・ヌーヴォー様式のファサードや、鉄とガラスで造られたアール・デコ様式の天井と階段の美しさは一見の価値あり。

🏠 24 rue de Sèvres 75007
Ⓜ Sèvres Babylone⑩⑫
🕐 毎日 10:00-19:45(日は11:00-)　❌ 無休
lebonmarche.com／@lebonmarcherivegauche

🏠 9 rue de la Monnaie 75001
Ⓜ Louvre Rivoli①
🕐 毎日 10:00-20:00　❌ 無休
samaritaine.com／@samaritaineparis

ついに一般公開された歴史的スポット

Hôtel de la Marine

オテル・ドゥ・ラ・マリーヌ [Map 1 A-3]

ルーヴル

フランス革命後から約200年間海軍や海洋省が使用し、フランスの歴史に深く関わり続けた「海軍の館」の一般公開が2021年に始まりました。革命前は王室調度品保管所として使われ、所長の住まいでもあったため、18世紀当時の美しい調度品で飾られたオフィスやアパルトマンも見どころです。黄金の装飾とシャンデリアが華麗な19世紀のサロンを堪能したら、見学の最後はコンコルド広場とさまざまなモニュメントを一望できるロッジア（バルコニー）で最高の景色を。見学時はタイムスリップしたような没入感のあるコネクテッド・ヘッドホン（料金込み・日本語あり）を必ず装着します。全館を1時間15分で回れるコースが断然おすすめですが、時間に余裕がない人はサロンとロッジアのみの45分コースを。

ロッジアは少し高いところからコンコルド広場を見下ろせる特等席。ここで優雅に暮らしていた高級官僚になった気分で眺めを楽しもう。

／ Data ｜

🏠 2 Place de la Concorde 75008

Ⓜ Concorde ①⑧⑫

🕐 毎日 10:30-19:00（金は -21:30）

🚫 1/1、5/1、12/25

💴 全館17€、サロン＆ロッジアのみ 9.5€、17歳以下無料

hotel-de-la-marine.paris

@hoteldelamarine

波瀾万丈なパリの歴史を体感する

Musée Carnavalet

カルナヴァレ博物館［Map② D-3］

マレ

マレ地区の中心に1880年開館した、最古のパリ市立博物館。貴族のお屋敷2つをつなげたスペースに、絵画、彫刻、模型、看板、デッサン、版画、ポスター、貨幣、写真、家具など合わせて63万点近いアイテムを所蔵し、先史時代からローマ時代、中世、フランス革命、ナポレオン、オスマンの都市計画、現代までの長い長いパリの歴史を学ぶことができます。2016年からの大規模な改修工事ののち、2021年にリニューアルオープンし、これまで以上に充実した博物館となりました。マルセル・プルーストの寝室や、サラ・ベルナールのサロン、20世紀初めにパリに実在した宝石店など、歴史あるアパルトマンや店舗の内装を移築したコーナーも多く、まさにその時代の空気感を感じられる博物館です。

パリの長い歴史を振り返る充実した展示。時間に余裕を見て見学を。

/ Data |

🏠 23 rue de Sévigné 75003
Ⓜ Saint Paul ①
🕐 火-日 10:00-18:00
🚫 月、1/1、5/1、12/25
🎫 無料
carnavalet.paris.fr
@museecarnavalet

見学後は最上階のレストラン(P.20)で休憩や食事を楽しんで。

Data

🏠 2 rue de Viarmes 75001
Ⓜ Louvre Rivoli①、Les Halles④
🕙 月、水-日 11:00-19:00(金は-21:00)
🚫 火、5/1
🎫 14€、18-26歳10€、
　　17歳以下無料(予約必須)
pinaultcollection.com/en/boursede
commerce ／ @boursedecommerce

安藤忠雄が改装したパリの新美術館

Bourse de Commerce

ブルス・ド・コメルス［Map①D-4］

ルーヴル

パリの中心、レ・アール地区にフランスを代表する実業家で大富豪、フランソワ・ピノーの現代アートコレクションを展示する新美術館が2021年に開館しました。かつて穀物取引所として使われていた16世紀の歴史的建造物の外観はそのままに、内部の改装を手がけたのは安藤忠雄。神殿のようにも見える円形の建物で、中央の大きな吹き抜け空間の上にはガラスのドーム天井があり、それを囲む美しいフレスコ画が目を引きます。その下には安藤らしい打ちっぱなしのコンクリートでできた高さ9mの円筒がそびえ、周りを展示室が取り囲みます。歴史ある建物と現代芸術の組み合わせが新鮮で、絵画、彫刻、写真、映像、インスタレーションなどあらゆる形態の作品を通し、記憶に残るアート体験ができる場所です。

Centre Pompidou

ポンピドゥー・センター[Map②C-2]

カラフルな配管がむき出しになった斬新なデザインの総合文化施設。一番の見どころは4〜6階の国立近代美術館で、ピカソ、マティス、ミロ、ウォーホルなど20世紀以降の近現代美術を楽しめます。

パリ市庁舎

Musée d'Orsay

サンジェルマン・デ・プレ

オルセー美術館[Map③B-1]

19世紀後半から20世紀初頭の作品をメインに、ゴッホやモネ、ルノワールといった著名な印象派たちの絵画が多数所蔵されています。昔の国鉄駅を改装した建築デザインの美しさにもうっとり。

🏠 Place Georges Pompidou 75004
Ⓜ Rambuteau⑪、Hôtel de Ville①⑪
🕐 月、水-日 11:00-21:00(木の企画展は-23:00)
🚫 火、5/1　💴 通常15€、17歳以下無料
centrepompidou.fr ／ @centrepompidou

🏠 Esplanade Valéry Giscard d'Estaing 75007
Ⓜ Musée d'Orsay RER C線、Solférino⑫
🕐 火-日 9:30-18:00(木は-21:45)
🚫 月、5/1、12/25　💴 オンライン16€(窓口14€)、
　17歳以下無料　musee-orsay.fr ／ @museeorsay

///////////////////////////

Musée du Louvre

ルーヴル

ルーヴル美術館[Map①C-4]

モナリザやミロのヴィーナスなど、世界の名作が一堂に会するフランス随一の美術館。チケットは事前にネット購入して行列を回避！ 見たい作品を最短距離で回る作戦も立てておこう。

Musée de l'Orangerie

ルーヴル

オランジュリー美術館[Map①A-4]

チュイルリー公園内に位置する印象派・ポスト印象派の美術館。自然光あふれるモダンな空間の中、モネの傑作「睡蓮」をはじめ、セザンヌやマティス、モディリアーニなどの作品を鑑賞できます。

🏠 Musée du Louvre 75001
Ⓜ Palais Royal Musée du Louvre①⑦
🕐 月、火-日 9:00-18:00(金は-21:45)
🚫 火、1/1、5/1、12/25　💴 オンライン17€(窓口15€)、
　17歳以下無料　louvre.fr ／ @museelouvre

🏠 Jardin des Tuileries 75001
Ⓜ Concorde①⑧⑫　🕐 月、水-日 9:00-18:00
🚫 火、5/1、7/14午前、12/25
💴 12.5€、17歳以下無料
musee-orangerie.fr ／ @museeorangerie

Musée des Arts Décoratifs

装飾芸術美術館 [Map① C-4]

中世から現代までの家具や食器、グラフィックアート、ガラス工芸、金銀細工など、人々の暮らしで使われてきたオブジェを展示する美術館。なかでもアール・ヌーヴォーの家具コレクションは圧巻。

ルーヴル

🏠 107 rue de Rivoli 75001
Ⓜ Palais Royal Musée du Louvre①⑦
🕐 火-日 11:00-18:00　🈵 月、1/1、5/1、12/25
💴 14€、25歳以下無料
madparis.fr／@madparis

Musée Picasso Paris

ピカソ美術館 [Map② D-3]

5年間の改装工事を経て2014年に再オープン。ピカソの画風の変化をたどれる名作絵画や彫刻、版画など、バラエティに富んだ見応えのあるコレクションが揃い、彼の多才ぶりに圧倒されます。

マレ

🏠 5 rue de Thorigny 75003
Ⓜ Saint Sébastien Froissart⑧、Saint Paul①
🕐 火-日 10:30-18:00（土日、祝は9:30-）
🈵 月、1/1、5/1、12/25
💴 オンライン15€（窓口14€）、17歳以下無料
museepicassoparis.fr／@museepicassoparis

/////////////////////////

Musée Rodin

ロダン美術館 [Map⑪]

ロダンのアトリエ兼邸宅を使った美術館で「考える人」「地獄の門」「接吻」などの代表作が一堂に。広々とした庭園にも彫刻がちりばめられ、四季の花々をバックに眺めるその美しさは格別です。

アンヴァリッド

🏠 77 rue de Varenne 75007　Ⓜ Varenne⑬
🕐 火-日 10:00-18:30　🈵 月、1/1、5/1、12/25
💴 13€、17歳以下無料
musee-rodin.fr／@museerodinparis

Petit Palais-Musée des Beaux-Arts de la Ville de Paris

プチ・パレ-パリ市立美術館 [Map⑧]

1900年パリ万博会場として建てられた美しい建物で、モネの「ラヴァクールの日没」をはじめセザンヌ、マネ、ゴーギャンなどの絵画を無料で楽しめる美術館。中庭の回廊にあるカフェもおすすめ。

シャンゼリゼ

🏠 Avenue Winston Churchill 75008
Ⓜ Champs Élysées Clemenceau①⑬
🕐 火-日 10:00-18:00　🈵 月、1/1、5/1、7/14、11/11、12/25　💴 常設展無料
petitpalais.paris.fr／@petitpalais_musee

サンジェルマン・デプレ教会とカフェ巡り
Eglise Saint Germain des Prés et les Cafés aux Alentours

パリ左岸を象徴する界隈を気ままに散策

メトロ4号線のサンジェルマン・デプレ駅を出て、教会をスタート地点に、フランスの文化と深い関わりのある歴史的なカフェを巡りましょう。文化人たちが熱い議論を交わしていた時代に想いを馳せながら……

Ⓜ Saint German des Prés④、Mabillon⑩

6世紀の修道院の敷地内に10〜12世紀にかけて
建設されたサンジェルマン・デプレ教会。身廊は
パリに残る唯一のローマ時代の遺産でもある。

/////////////////////////

サンジェルマン・デプレ

01 Eglise Saint Germain des Prés
サンジェルマン・デプレ教会

パリに現存する最古の教会。2020年に終えた4年がかりの修復工事によって、鮮やかな色彩を取り戻した天井画や内部の装飾は必見！夜、定期的に開催されるコンサートもおすすめ。

🏠 3 place Saint Germain des Prés 75006
🕐 毎日 8:30-20:00（日月は9:30-）
eglise-saintgermaindespres.fr

02 Les Deux Magots

レ・ドゥ・マゴ

サンジェルマン・デプレ

店内に2つのマゴ（中国の陶人形）が飾られている1885年創業の老舗カフェ。ヘミングウェイやプレヴェール、藤田嗣治などそうそうたる顔ぶれが常連でした。木曜夜のジャズライブも恒例。

🏠 6 place Saint Germain des Prés 75006
🕐 毎日 8:00-26:00（日は10:00-）
lesdeuxmagots.fr ／ @lesdeuxmagots

03 Café de Flore

カフェ・ド・フロール

サンジェルマン・デプレ

マゴの隣に並ぶ1887年創業の文学カフェ。最も有名な常連はサルトルとボーヴォワール。ほかにも、映画やモード界の業界人も通う華やかなイメージのあるパリらしいカフェです。

🏠 172 boulevard Saint Germain 75006
🕐 毎日 7:30-25:30
cafedeflore.fr ／ @lecafedeflore

04 Le Bonaparte

ル・ボナパルト

サンジェルマン・デプレ

トリコロールのひさしが目印のいかにもパリらしい雰囲気の漂うカフェ。教会を眺めながらコーヒーや食事を楽しめるテラス席は、夏はもちろん、秋や冬でも、いつも多くの人でにぎわっています。

🏠 42 rue Bonaparte 75006
🕐 毎日 6:30-26:00（土日は8:00-）

05 La Palette

ラ・パレット

サンジェルマン・デプレ

芸術学校や画廊が並ぶ静かな界隈にあるパレットの看板が目印の店。1902年の創業以来、絵描きの卵からセザンヌやピカソなど著名画家たちに愛された名店。リーズナブルな価格も魅力。

🏠 43 rue de Seine 75006　🕐 毎日 7:30-24:00
@lapalette.officiel

言葉を失う美しさとはこのこと

Sainte Chapelle

サント・シャベル［Map⑤］

最高裁判所の敷地内にあるためセキュリティチェックが厳しい。

シテ島　セーヌ川に浮かぶシテ島にあるサント・シャベルは、ルイ9世が購入したイエス・キリストの聖遺物を納めるために建設を命じ、1248年に完成したゴシック建築の礼拝堂です。入ってすぐの1階にある使用人のための小さな礼拝堂で、素晴らしい壁の装飾やルイ9世の彫像を眺めたら、階段を上って2階、待望の王家の礼拝堂へ。四方を囲む繊細なパリ最古のステンドグラスの荘厳さに圧倒され、足を踏み入れた瞬間、誰もが息をのみます。天井の星空に向かってぐっと伸びる15の窓に、延べ面積600㎡、1100枚を超えるステンドグラスがはめこまれ、アダムとイブやノア、モーセらが登場する聖書の物語が生き生きと描かれています。空が明るいとステンドグラスの美しさがさらに際立つので、ぜひ晴れた日に訪れてください。

Data

- 🏠 10 boulevard du Palais 75001
- Ⓜ Cité④
- 🕐 4-9月 9:00-19:00、10-3月 9:00-17:00
- 🚫 1/1、5/1、12/25
- 💴 11.5€、17歳以下無料

sainte-chapelle.fr
@sainte_chapelle

プチ・シャン通りに面した入口は、エレガントな鉄細工で飾られている。美しく着飾った人々がそぞろ歩いた19世紀のパリに想いを馳せながら歩いてみたい。

Data

🏠 4 rue des Petits Champs 75002
Ⓜ Bourse ③
🕐 毎日 8:30-20:30（通り抜けできる時間）
galerie-vivienne.com

19世紀パリのエレガントな商店街

Galerie Vivienne

ギャルリー・ヴィヴィエンヌ［Map①D-3］

ルーヴル

1823年に建設された「ギャルリー・ヴィヴィエンヌ」は、パリの中でも最も美しいパッサージュと評され、1974年には歴史的建造物に認定されました。ガラス屋根から降り注ぐ自然光に照らされた幾何学模様の床のモザイクタイルや壁の女神のレリーフ、ドーム型の天窓や螺旋階段など、優雅な装飾が当時のまま残され、まるで19世紀にタイムスリップしたような気分を味わえます。かつてのにぎわいそのままに、今もエピスリーやサロン・ド・テ、昔ながらの玩具店、インテリア雑貨のお店や洋品店などが全長176mの通路に立ち並びます。特に、古書や古絵葉書を扱う老舗「ジュソーム書店」の、歴史を感じさせる店内は必見です。すぐ近くのパレ・ロワイヤル（P.57）やフランス国立図書館（P.118）と併せて立ち寄りましょう。

Arc de Triomphe

凱旋門 [Map⑧]

シャンゼリゼ

ナポレオンの命で建設されたフランスを象徴するモニュメント。広場から放射状に12本の道路が延びる姿、そしてパリの街を360度見渡せる屋上からの眺めは必見。アクセスは地下通路から。

🚩 Place Charles de Gaulle 75008
Ⓜ Charles de Gaulle Etoile①②⑥
🕐 毎日 4-9月 10:00-23:00、10-3月 10:00-22:30
🈺 火、1/1、5/1、5/8午前、7/14午前、11/11午前、12/25
🎫 通常13€、17歳以下無料
paris-arc-de-triomphe.fr ／ @arcdetriomphe_paris

Cathédrale Notre Dame de Paris

ノートル・ダム大聖堂 [Map⑤]

シテ島

2019年4月15日の大火災で、尖塔や屋根の3分の2が焼け落ちてしまった大聖堂。早く再開できるよう急ピッチで修復工事が行われています。サイトやインスタで最新の様子が見られます。

🚩 Place Jean-Paul Ⅱ 75004
Ⓜ Cité④
現在閉鎖中（2024年12月再開予定）
notredamedeparis.fr ／ @notredamedeparis

/////////////////////////

Opéra Garnier

オペラ・ガルニエ [Map① B-2]

オペラ

オペラ座。若き建築家シャルル・ガルニエが設計し、1875年にオープンしたネオ・バロック様式の歌劇場。迫力の大階段や豪奢な装飾のグラン・フォワイエ、シャガールが手がけた天井画は必見。

🚩 8 rue Scribe 75009
Ⓜ Opéra③⑦⑧、Auber RER A線
🕐 毎日 10:00-17:00　🈺 1/1、5/1、12/25
🎫 通常14€、12-25歳9€、11歳以下無料
operadeparis.fr ／ @operadeparis

Tour Eiffel

エッフェル塔 [Map⑨]

エッフェル塔

てっぺんに上ってパリを一望したい人は、チケットをネット購入しておくのがおすすめ。時間がない人は、シャン・ド・マルス公園やセーヌ川を挟んだトロカデロのシャイヨ宮から写真撮影を。

🚩 Champ de Mars, 5 avenue Anatole France 75007
Ⓜ Bir Hakeim⑥
🕐 毎日 9:00-22:45（金土日は-23:45）　🈺 無休
🎫 エレベーター最上階28.3€／2階18.1€、
　階段2階11.3€、階段＆エレベーター頂上21.5€
toureiffel.paris ／ @toureiffelofficielle

Basilique du Sacré Coeur

モンマルトル

サクレ・クール寺院［Map 4 B-2］

青空に映える白亜のドームが美しいこの教会堂はパリで一番高いモンマルトルの丘の上にそびえ、ここから眺めるパリの景色は最高。メトロ切符で乗れるケーブルカーでも丘の上に行けます。

🏠 Parvis du Sacré-Cœur 75018
Ⓜ Anvers②、Abbesses⑫
🕐 毎日 6:00-22:30、ドーム 10:00-19:00　休 無休
💰 拝観無料、ドーム6€
sacre-coeur-montmartre.com
@SCdeMontmartre（X・旧Twitter）

Croisières sur la Seine

シャンゼリゼほか

セーヌ川クルーズ［Ⓐ Map 8 ／Ⓑ Map 9 ／Ⓒ Map 5 ］

船から眺めるパリの風景はひと味違うので、一度は体験したいセーヌ川の遊覧船。乗り場の異なる以下の3社が運航しており、1時間ほどの遊覧のほかランチ・ディナークルーズもあります。

Ⓐバトー・ムーシュ　💰 大人15€
bateaux-mouches.fr ／@bateauxmouches
Ⓑバトー・パリジャン　💰 大人Web16€（窓口18€）
bateauxparisiens.com ／@bateauxparisiens
Ⓒヴデット・デュ・ポン・ヌフ　💰 大人Web13€（窓口15€）
vedettesdupontneuf.com ／@vedettesdupontneuf

/////////////////////////

Palais Royal

ルーヴル

パレ・ロワイヤル［Map 1 C-3］

シックなブティックが並ぶ回廊で囲まれた庭園は、にぎやかなオペラ地区では珍しく静けさの漂う空間。ダニエル・ビュラン作の白黒ストライプの円柱も有名で、インスタ映えスポットとしても人気。

🏠 8 rue de Montpensier 75001
Ⓜ Palais Royal Musée du Louvre①⑦
🕐 毎日 4-9月 8:30-22:30、10-3月 8:30-20:30
休 1/1、5/1、12/25　💰 無料
domaine-palais-royal.fr ／@jardindupalaisroyal

Place des Vosges

マレ

ヴォージュ広場［Map 2 E-3］

赤いレンガ造りの建物と緑の木々に囲まれた、17世紀初頭に誕生したパリ最古の広場。四方を縁取る回廊にはカフェやギャラリーも並び、都会の憩いの場として人々に親しまれています。

🏠 Place des Vosges 75004
Ⓜ Chemin Vert⑧、Saint PaulⅠ①

紙やペン先、インクなど、書くために
必要なアイテムが揃うお店と、ポスト
カードやシーリングワックスといっ
た可愛らしいアイテムが並ぶお店が
2つ隣り合っている。

美しい手書き文字をパリで学ぶ

Mélodies Graphiques

メロディー・グラフィック［Map②C-4］

パリ市庁舎

1986年創業の「メロディー・グラフィック」は、パリの紙もの好きなら誰もが知るパペトリーの名店。アンティークの雰囲気漂う店内には、上質かつ「書く時間」を楽しく彩ってくれる紙やペン、インクなどが幅広く揃い、オーナーである竹内仁海さんとジャコモさんご夫妻が大切に吟味しているのが分かります。そんな素敵なお店の2階では、フランス伝統のカリグラフィーを学べるレッスンが行われています。竹内さんが直々に手ほどきしてくれるので、初心者さんでも安心。30種類の書体から好きなものを選び、ペンの角度や力の入れ具合に気をつけながら、小文字や大文字の練習をします。本場パリで憧れのカリグラフィーを体験しましょう。

カリグラフィーレッスン

- 🈪 火-土 11:00／15:00
- 🈹 1時間コース 30€、
  2時間コース 60€
- 🈯 日本語でインスタグラムDM
  またはメール
  （melodiesgraphiques@gmail.com）

※ ペン、インク、紙は用意されているので、持参する物は特にありません
※ 初めての人には2時間コースがおすすめです。

Data

- 🏠 10 rue du Pont Louis Philippe 75004
- Ⓜ Pont Marie⑦、Saint Paul①
- 🈺 月15:00-18:00、
  火-土 11:00-19:00
- 🈑 日
melodies-graphiques.com
@melodiesgraphiques

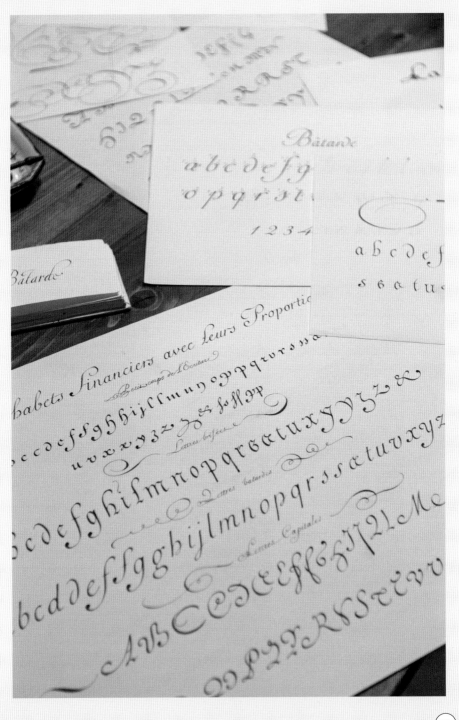

チーズの本場でいろんな味を楽しむ

Fromagerie Hisada

フロマジュリー・ヒサダ [Map①C-3]

ルーヴル

「フロマジュリー・ヒサダ」は、日本人チーズ熟成士の久田惠理さんが営むチーズの名店。地元パリジャンからの信頼も厚く、伝統的なチーズはもちろん、桜や柚子、白あん、味噌、みりんといった日本食材を組み合わせた独創的なチーズを求める人で、店内はいつもにぎやか。2階にあるサロンでは、楽しみながらチーズを学べるアトリエが定期的に行われています。旅行者さんにもおすすめなのが、20種類のチーズを味わえる「チーズ探求プレート」。牛や羊、山羊の乳を使ったバラエティに富んだチーズの盛り合わせで、チーズの特徴や味わい方のコツを久田さんがさまざまなエピソードを交えて解説してくれます。ボリュームたっぷりなのでランチとしても楽しめます。

チーズ探求プレート

季節のチーズ20種アレンジメンプレート＋サラダ＋パン＋ドリンク2杯（赤・白ワイン、日本酒、ハーブティー、コーヒーから選ぶ）

🗓 火-土 12:30-16:00
💴 50€
🔖 日本語で
Facebookのメッセージ
またはメール（info@hisada.fr）
※ 3日以上前に要予約。2名様以上の場合、写真のように10種ずつ2回に分けてサーブ。

10種類ずつのプレートを2回に分けて、1皿目は比較的やさしい味、2皿目はより濃い味わいのチーズをサーブするスタイル。

Data

🏠 47 rue de Richelieu 75001
Ⓜ Pyramides ⑦⑭、
Palais Royal Musée du Louvre ①⑦
🕐 火-土 店舗 11:00-19:00、
サロン 12:30-16:00（要予約）
🛏 日、月
hisada.fr ／ @fromagerie_hisada

© Thibaut Voisin

© Thibaut Voisin

パリのデパートでマカロン作り

Atelier macarons aux Galeries Lafayette

ギャラリー・ラファイエットのマカロン教室 [Map 1 C-1]

オペラ

ギャラリー・ラファイエット (P.45) 本館3階にある「アパルトマン・ラファイエット」というパリジェンヌのお宅のようなスペースで、マカロン教室が開催されています。事前に予約さえすれば、必要な道具と材料はすべて用意してあるので手ぶらでOK。マカロンについての知識や、作り方のコツも丁寧に教えてくれます。英語・フランス語のみですが、先生が実演してみせてくれたり、見回りに来てアドバイスもくれたりするので意外となんとかなります。オーブンで焼いている間にガナッシュを作り、焼けたマカロンの間にはさんだら完成で、2種類のマカロンを2個ずつお持ち帰り。1時間30分ほどで終わるので旅の合間に気軽に参加できます。パリでパティシエからマカロン作りを習う体験は良い思い出になりそうです。

マカロン教室

📅 不定期・サイトの
予約ページで確認
🕐 1時間30分 　💴 55€
🎫 ウェブサイトからオンライン予約。
「GLTRICOLOR」
のコードで10% OFF。
https://haussmann.galerieslafayette.
com/en/events/french-macaron-
bakery-class-in-the-heart-of-paris/
※ 要予約・最少催行人数は4名

/Data/

🏠 40 boulevard Haussmann
75009
Ⓜ Chaussée d'Antin
La Fayette ⑦⑨

定宿にしたいパリの隠れ家ホテル

Maison Mère

メゾン・メール [Map 4 C-4]

まるで自宅リビングのような雰囲気の朝食スペース。棚を飾るオブジェたちは購入することも可能。

モンマルトル

人気のオペラ地区に宿泊したいけれど価格が高すぎて…と悩む人におすすめしたい、2021年秋にオープンした4ツ星ホテル。馴染みの薄い界隈ですが、デパート街やオペラ座までメトロでたった3、4駅という近さで、徒歩でも20分足らず。北へ歩けば、モンマルトルの丘へも10分ほどで行ける穴場スポットです。若き3代目オーナーが目指すのは、祖父の代から受け継ぐ伝統的なホテリエ精神を大切にしながらも、リーズナブルな価格で気軽に利用できる「パリの自宅」のような空間。アパルトマン風インテリアの客室は、電気ケトルやコーヒーマシン、ミニバーなど設備も万全で機能的。誰もが利用できる1階のレストランやコワーキングスペースは、地元パリジャンでいつもにぎわっています。

Data

🏠 7 rue Mayran 75009
Ⓜ Cadet ⑦
💶 シングル159€〜、
　　ダブル179€〜、朝食19€
maisonmere.co
@maisonmere.lovers

アクティブ派におすすめのプチホテル

Hôtel Emile

ホテル・エミール［Map ② D-4］

マレ

パリにいる間は、朝から晩まで観光や買い物にいそしみたい！という人におすすめのプチホテル。場所はマレ地区の中心で、カルナヴァレ博物館(P.48)やピカソ美術館(P.51)、人気ブランドやグルメなお店、おいしいレストランなどが徒歩3〜5分圏内に点在する抜群のロケーションを誇ります。ホテルの隣には、造花で飾られたファサードがインスタスポットとしても知られるカフェがあり、いつも多くの人でにぎわっていて安心感があります。客室はこぢんまりしていますがその分価格もリーズナブル。清潔で機能的、無駄を省いたモダンなデザインも可愛く、一日の疲れを癒してくれる十分な設備が整っています。フロント横のロビーでごく簡単な朝食や温かい飲み物を24時間無料で利用できます。

機能面を追求した客室だけに、透明パネルで仕切られたタイプの浴室も多いので友人と利用する際は事前に確認することをおすすめ。

Data

🏠 2 rue Mahler 75004
Ⓜ Saint Paul ①、Bastille ①⑤⑧
💶 シングル130€〜、
スタンダード150€〜、
スーペリア170€〜、朝食無料
hotelemile.com

間違いのないオペラ地区のプチホテル

Hôtel Monsieur Helder

ホテル・ムッシュー・エルデール［Map1 C-2］

予約時にバスタブ付き（with bath）の客室を選択できるのでわかりやすくて安心。

Data

🏠 4 rue du Helder 75009
Ⓜ Opéra ③⑦⑧、
Chaussée d'Antin La Fayette ⑦⑨
💶 大人2人1室200€〜、
朝食10€/17€
monsieurhelder.com
@monsieurhelder

オペラ

とにかく便利さを優先するなら、オペラ地区のホテルがやっぱりおすすめ。すぐそばのオペラ座はもちろん、デパートやルーヴル美術館など主要スポットが徒歩圏内という理想的な立地にある「ムッシュー・エルデール」は、昔ながらのプチホテルをリノベーションしたシンプル・シックな3ツ星ホテル。カフェの床にありそうな幾何学模様の壁紙や、メトロ駅に似た白いタイルを使った浴室など、パリらしさを感じさせる落ち着いた内装。地上階にはパリの人気カフェ「WILD & THE MOON」があり、オーガニック・ビーガン・グルテンフリーな朝食（17€）が食べられるほか、徒歩1分の系列ホテルの10€のビュッフェ式朝食も選べます。料金の変動が大きいので、お得な時期を狙って予約をするのがおすすめです。

CHAPITRE 2
暮らすように過ごすパリ

わざわざ行くエリアだけど評判の良いレストランを試したり、

ちょっとマニアックな美術館に行ったり、

何かのレッスンを受けてみたり、

お気に入りの地区をのんびり散歩したり…

少しゆっくり滞在できるときや、二度目のパリなら、

地元のパリジャンたちと同じようなスタンスで

パリの街をエンジョイできるはず。

この章では、そんな皆さんに、

まるで暮らすように旅するためのアイデアをご紹介します。

品の買い物をするマルシェやスーパー、読書したりぼーっと過ごしたりする公園、いつものお散歩コース…宿泊先の周辺で行きつけの場所を見つけましょう。観光客ではなく、その地区の住人として過ごした時間は、かけがえのない思い出になります。

Point 1
とにかく歩き回る

パリ市内は日本の大都市より小さく、想像以上に徒歩で動けます。すべての通りに名前がついていて、建物の壁にその通りと区の番号を記したプレートがあり、迷っても、通り名で検索すれば、自分が今どこにいるのか確認できて便利です。しかも、美しい建物や素敵な街角の風景がいたるところにちりばめられていて飽きません。この本では、そんな街歩きのアイデアも紹介しています。

Point 2
あえてバスでのんびり移動する

路線や停留所がたくさんあるバスはメトロよりハードルが高く、渋滞のリスクもありますが、移動手段ではなく、街並みを車窓から眺める観光バスとして使うとストレスなく楽しめます。サンジェルマン・デプレからセーヌ川を渡り、ルーヴルを通ってオペラ座やデパート街へ向かう95番や、エッフェル塔そばのシャン・ド・マルスからセーヌ川を渡り、シャンゼリゼからコンコルド広場を通る42番など、中心部を通る路線がおすすめ。

Point 3
自分だけのお気に入りを見つける

朝食のクロワッサンを買うブランジュリー、エスプレッソを飲むカフェ、食べ物や日用

Point 4
おうちごはんを楽しむ

農業大国フランスが誇る新鮮な食材を使うおうちごはんを楽しみましょう。マルシェでは野菜や果物、チーズは量り売り。お肉も部位によっては好きなサイズにカットしてもらえ、ハムも1枚から買えるので、キッチン付きのアパルトマンなら1人でも無駄を出さずに料理ができます。同じく量り売りのお惣菜や、焼きたてバゲットがあれば、キッチンがないホテルでも十分楽しめます。

Point 5
カルチャーを体験する

この本では体験型アクティビティや書店、映画館などのカルチャースポットを紹介しています。普通の観光やショッピングだけでは知ることのできない、よりディープなフランス文化を覗きましょう。地元っ子たちと一緒に何かを学んだり作り上げたりする特別な経験ができます。

Point 6
郊外や地方都市を気軽に訪ねる

パリの郊外には日帰りでも楽しめる街が点在しています。また、TGV直通ならパリからあっという間に地方都市に移動できるので、小旅行を計画しても。パリとはまったく違う雰囲気のフランスを楽しめます。

Parisでまったり、暮らすように過ごす！

この本で紹介している、パリを「ゆっくり」楽しめるスポットの中から、
私たちが特に注目する「トリコロル・パリの最推しアドレス」を
ピックアップしてチラ見せ！

A
TRAM café librairie
トラム・カフェ・リブレリ

ランチもデザートもコーヒーもおいしい
うえにリラックスできて、近所にあったら
毎日通ってしまいそうなブックカフェ。カ
ルチエ・ラタンの大学に通う学生さんに
なったつもりで、のんびり過ごしましょう。

———— **P.78**

B
La Galerie Dior
ラ・ギャラリー・ディオール

2022年に誕生したディオールの歴史を振り返る
美術館。華麗なドレスや小物の数々を夢のような
空間で眺められ、モードの世界にあまり興味がな
くてもきっと後悔しない、おすすめのスポットです。

———— **P.104**

C
Brocante Petite Lulu
ブロカント・プティット・ルル

目利きの日仏夫妻が買い付けたアンティークを扱
うお店。蚤の市でゆっくり掘り出し物を探す時間
や、良いものを選ぶ自信がないという方にぴった
りです。一期一会を楽しみに、訪れてください。

———— **P.92**

© Brocante Petite LuLu

D

Thanx God I'm a V.I.P.
サンクス・ゴッド・アイム・ア・ヴィップ

パリのヴィンテージ服好きの間で知らない人はいない古着屋さん。オーナーのシルヴィさんによって選び抜かれた洋服や靴、バッグはどれも状態が良くって安心。カラーごとのディスプレイも美しい。

———— P.98

E

Maison
メゾン

パリ11区の静かな住宅街の一軒家にある、注目の日本人シェフのレストラン。素材の良さを生かしたクリエイティブな料理から内装、食器、カトラリーまで、こだわり尽くされたお店です。

———— P.72

F

Marchés de Paris
パリのマルシェ巡り

マルシェに並ぶ色鮮やかな野菜や果物は眺めているだけでワクワクします。お店の人と会話をしながら買った食材をホテルやアパルトマンで味わう幸せは、ゆっくり暮らすように過ごすパリの醍醐味です。

———— P.123

G

TAPISSERIE
タピスリー

一見、素朴だけど、上質なバターやクリーム、旬のフルーツを使っていることがひと口でわかる、そんなシンプルなお菓子のおいしさを教えてくれる、今パリで大人気のブランジュリー・パティスリーです。

—— **P.82**

H

Le Champo
ル・シャンポ

1938年の開館以来、パリ5区の学生街で愛され続ける街の名画座。パリジャンと肩を並べて名作を見るなんて、素敵な思い出になりますね。ファサードの写真を撮るだけでもぜひ立ち寄って。

—— **P.133**

I

L'Atelier Floral par Les Intimes
レ・ザンティームのアトリエ・フローラル

パリで活躍する日本人フローリストの千明さんから、直々に手ほどきしてもらえるブーケ作りのアトリエ。ホテルHOY（P.138）の館内で毎月6回開催しているので気軽に参加してみましょう。

—— **P.134**

J

Paris Chez Moi
パリ シェモア

パリに長めに滞在するなら試してみたいアパルトマン暮らし。日本語で対応してくれる日系の短期賃貸サービスが安心です。「パリ シェモア」は滞在サポートや空港送迎などのサービスも充実しています。

—— **P.140**

K

Promenade à Montmartre
モンマルトル散策

世界中から旅行者が集まる場所なのに、入り組んだ小道に田舎のような風景が残されているモンマルトルの丘。地元っ子になったつもりで気の向くままに歩けば、忘れられない思い出になるでしょう。
—— **P.112**

L

Kodawari Ramen Tsukiji
こだわりラーメン築地

築地の魚市場を完璧に再現した店内が話題の人気ラーメン店。インスタ映えする内装だけでなく、鯛や鯛ベースのスープと自家製麺のラーメンも絶品で、仏人オーナーの日本愛が伝わってきます。
—— **P.80**

M

Ailleurs
アイユール

おしゃれなパリジャンたちが店主レジスさんのセンスの良さに一目を置く、バスティーユ界隈のインテリアショップ。じっくりと時間をかけて、自宅に連れて帰りたい品々を吟味して。
—— **P.88**

通い詰めたくなる一軒家レストラン

Maison

メゾン[Map7 B-1]

メニルモンタン

パリで注目を浴びる日本人シェフ、渥美創太さんが2019年にオープンした「メゾン」は、その名のとおり11区の小道にある一軒家レストラン。中に入ると開放感のある吹き抜けに、テラコッタタイルが床から壁まで敷きつめられていて、南仏の田舎家のような温もりを感じます。階段を上がると、天窓からの明るい光に照らされて、ダイニングとオープンキッチンが広がります。信頼を置く生産者から届けられる旬の食材から日々のメニューを発想するという渥美シェフの料理は、伝統的なフレンチの底力と、ここでしか味わえない独創性を併せ持っています。かつ、ひと皿ひと皿が絵画のような美しさ。感動的な料理とお店の佇まいにぐっと心をつかまれ、また来たいと思わずにはいられないレストランです。

/Data/
🏠 3 rue Saint Hubert 75011
Ⓜ Rue Saint Maur ③
🕐 水 19:30-21:00、
　木-土 12:30-13:30／19:30-21:00、
　日 12:30-13:30
🚫 月、火
🍴 [平日昼]4品70€、
　[日昼]5-6品120€、[夜]7品140€
maison-sota.com ／ @maison_sota

元々あった一軒家の内部を空っぽにして、一から作り上げたという内装は、世界で活躍する日本人建築家、田根剛さんが手がけた。

職人の情熱が込められた焼きたてパン

Le Pain Retrouvé

ル・パン・ルトゥルヴェ［Map4 B-4］

モンマルトル

15歳でパン職人を目指し国内および海外の数多くのブランジュリーで修業を積んだユーグさんが、妻のイネスさんの協力を得てついに2021年自身の店をオープンしました。木のパレットを積んだ上にパンが並び、店名の看板もなく、驚くほどシンプルな店構えですが、グルメなお店が並び、舌の肥えたパリジャンたちが多いマルティール通りで、ここまで一日中にぎわっているお店はそうそうありません。材料はすべてオーガニックで、自家製の天然酵母を使い、じっくり発酵。伝統的な製法で職人さんが丁寧に作るこのお店のパンやクロワッサン、ブリオッシュは、とにかくおいしいの一言です。毎日気軽に買いに来てほしいからと、バゲット1€というパリ市内では珍しいリーズナブルさにも感心します。

パン屋さんでは珍しく夜9時まで開いているので仕事帰りの地元っ子たちに頼りにされている。

Data

🏠 18 rue des Martyrs 75018
Ⓜ Saint Georges⑫、
　Notre Dame de Lorette⑫
🕐 毎日 6:30-21:00
🈂 無休
le-pain-retrouve.business.site
@le_pain_retrouve

メイドインパリのクラフトチョコレート

Plaq

プラック ［Map1 E-3］

オペラ

今、パリで最注目のショコラティエ「プラック」は、大のチョコ好きだったサンドラとニコラが、自分たちが食べたいと思えるチョコレートを作りたいと、全く違う業界から転身して開いたお店です。彼らが目指したのは、フランスではまだ珍しいクラフトチョコレート。さまざまな原産地に足を運んで気に入ったカカオ豆を仕入れ、カウンター越しに見えるアトリエで焙煎から粉砕、ペースト状にしたものをチョコレートの形にするまで、すべての工程を職人さんが丁寧に手がけています。定番の板チョコは軽めの焙煎でカカオの風味が際立っているのが特徴。カカオバターやレシチン、塩などの添加物を一切入れず、シンプルでピュアな味わいを堪能できます。すっきりとした飲み口のショコラショーもおすすめ。

©Plaq

チョコタルトやクッキーも人気。テラス席があるのもうれしい。

Data

🏠 4 rue du Nil 75002
Ⓜ Sentier③
🕐 月 11:30-19:30、
　 火-金 11:00-19:00、
　 土 10:00-19:30、日 10:00-18:30
🈂 無休
💰 板チョコ9€〜、ショコラショー4€、
　 モワルーショコラ6€
plaqchocolat.com／@plaqchocolat

暮らすように過ごす　グルメ

パリの屋根を見下ろしながらカクテルを

Le Perchoir

ル・ペルショワール［Map2 C-3〈マレ店〉／Map7 C-1〈メニルモンタン店〉］

マレ／メニルモンタン

暮らすように旅するなら、パリの夜も楽しみたいもの。ちょっとハードルが高いと感じる人におすすめしたいのが、デパートBHVの屋上に、春から秋にかけてオープンする「ル・ペルショワール」。にぎやかな中心地というアクセスの良さと開放感あるルーフトップのバーで、パリ初心者さんでも気軽に楽しめます（下写真・上）。パリ通の人なら、一年中営業しているメニルモンタン界隈の姉妹店へ（下写真・下）。広々としたルーフトップと屋内スペースで、よりゆったりと過ごせます。サクレ・クール寺院をのぞむ下町情緒あふれるパリの夕景も新鮮に映ります。特にマレ店はオープン前に行列覚悟でのぞみましょう。

©Le Perchoir

©Jérôme Galland

パリジャンと楽しむパリの夜は、昼とはまた違った印象で素敵な思い出になるはず。予約できないので、オープン直前に行くのがベター。

Data

〈マレ店〉

住 33 rue de la Verrerie 75004
（BHV屋上）

M Hôtel de Ville①⑪

営 5月中旬〜10月上旬
毎日 20:15-26:00（日は19:15-）

休 10月上旬〜5月中旬

〈メニルモンタン店〉

住 14 rue Crespin du Gast 75011

M Rue Saint Maur③、
Ménilmontant②

営 月-土 18:00-26:00、
日 16:00-24:00

休 無休

料 カクテル14€〜、ワイン8€〜、
軽食7€〜

leperchoir.fr
@leperchoirmarais
@leperchoirmenilmontant

©Le Perchoir
©Jérôme Galland

毎日通いたくなるグルメな書店カフェ

TRAM café librairie

トラム・カフェ・リブレリ [Map⑥]

場所柄、午前は勉強に励む学生さんの姿も多いが、午後はPC持込禁止。塩味メニューのいくつかはランチタイム以外でも食べられる。

パンテオンに向かう坂道に佇むこのカフェは、マリオン＆ポール夫妻のお店。いかにもパリのカフェらしいレトロな床のタイルやランプが、ゆったりとできる居心地の良い空間を作り出していて、いつも常連さんたちでにぎわっています。マリオンさんの父で元星付きシェフのアランさんが料理を担当。ただのカフェのレベルではない本格的なランチが食べられるのも人気の理由です。上質な食材を厳選し、料理はもちろんケーキもすべて自家製。スペシャリテのトリュフ塩のクロックムッシュや、やみつきになるおいしさのパン・ペルデュをぜひ味わってください。朝食や夕方のアペロのメニューも充実しています。併設の書店にも読書好きなオーナー夫妻のこだわりが詰まっていて、素敵な本がセレクトされています。

カルチエ・ラタン

Data

- 🏠 47 rue de la Montagne Sainte Geneviève 75005
- Ⓜ Cardinal Lemoine⑩
- 🕐 火-土 9:00-19:30 （ランチ 12:00-14:30）
- 🚫 日、月
- 🍴 前菜8€〜、メイン12€〜、デザート8€〜
- @tram.restaurant

ここはパリ？な不思議空間でラーメン

Kodawari Ramen Tsukiji

こだわりラーメン築地［Map ① C-3］

ルーヴル

まるで日本の魚市場に迷い込んだような感覚になれると、パリで話題のラーメン店。オーナーのジャン＝バティストさんが、日本でラーメンを食べるときに感じる空気感をフランスの人たちにも届けたいと、築地の風景を再現しました。看板や値札、無造作に積み上げられた発泡スチロールなど、細部へのこだわりに感動。もちろん、主役のラーメンにも手を抜きません。自家製麺にはシャンパーニュ地方の自家農園由来の小麦粉、スープにはブルターニュの鰹節や煮干しなど、なるべくフランス産の上質な食材を使うよう心がけています。旨み調味料不使用。鰯や鯛、オマール海老など、魚介の旨みが凝縮されたスープは唯一無二のおいしさです。予約不可で、行列を避けるにはオープン直後に行くのがおすすめ。

© Jessika Leray

鶏チャーシューと鯛のフィレがのった贅沢な鯛の白湯ラーメン。

Data

🏠 12 rue de Richelieu 75001
Ⓜ Palais Royal Musée du Louvre
①⑦、Pyramides ⑦⑭
🕙 毎日 11:45-23:00
🈺 無休
🍴 鰯の醤油13.5€、
　鯛の清湯・白湯14€、
　オマール混ぜ麺14.5€
kodawari-ramen.com
@kodawariramen
系列店 Map ③ C-2

暮らすように過ごす　グルメ

Omusubi Gonbei

おむすび権兵衛 [Map 1 C-3]

ルーヴル

┌ **Data** ┐

🏠 27 rue des Petits Champs 75001
Ⓜ Pyramides ⑦⑭
🕐 毎日 11:00-20:00
🈚 無休
💴 1個2.5€～、
お弁当（おむすび2個＋唐揚げまたは
コロッケ＋枝豆＋卵焼き）9€
www.omusubi-gonbei.com
@omusubigonbei_france
系列店 Map 10

焼鮭やツナマヨといった定番の白米のおむすびはもちろん、ヘルシー志向の人には玄米のおむすびも大人気。

パリ滞在が長くなってくると、自然とお米が恋しくなります。今やモノプリ（フランスの代表的なスーパーマーケット）でも買えるほどフランスで浸透しつつある「Onigiri」ですが、私たちがパリで一番おいしいと太鼓判を押すお店が「おむすび権兵衛」。2017年秋の開店以来、漫画ファンやモード業界人の間でクチコミが広がり、コロナ禍のテイクアウト人気も手伝って、今では一日500人以上のお客さんが訪れる行列店に。おいしさの秘訣はなんと言っても、日本から冷蔵コンテナで運び店内で精米しているお米。兵庫県産の海苔、スコットランド産の焼き鮭や星付きレストランも使っている和牛のしぐれ煮、パリ限定のドライトマト＆グリーンオリーブなど、具材の質にもこだわっています。胃を優しく癒してくれるおむすびをどうぞ。

心がほっこりする素朴な焼き菓子

TAPISSERIE

タピスリー［Map⑪］

アンヴァリッド

ランチには24ヶ月熟成のコンテチーズと上質なハムを使ったクロワッサン・オ・ジャンボンが人気。キッシュやサンドイッチなどもある。

人気の魚介ビストロ「クラマト」で、デザートとして出されるメープルシロップのタルトがおいしすぎるのでテイクアウトしたいというファンの熱望に応えて、バスティーユ地区のシャロンヌ通りに誕生したブランジュリー・パティスリーの「タピスリー」。続いてサロン・ド・テも併設した2号店がエッフェル塔の近くにオープンしました。パリ近郊産のオーガニック小麦粉、自然を尊重する農法で作られた乳製品や卵、フェアトレードのチョコレートや砂糖、バニラなど、こだわりの食材を使った素朴なタルトや焼き菓子が評判を呼んでいます。メープルシロップタルトのほかにはハルガヤという野草をクリームの風味づけに使ったシュークリームや、シンプルなフルーツタルト、フランもしみじみおいしいです。

Data

🏠 16 avenue de la Motte
   Picquet 75007

Ⓜ La Tour Maubourg⑧

🕐 月 - 金 8:30-19:00、
   土 9:30-19:30、日 9:30-17:30

🈳 無休

tapisserie-patisserie.fr
@tapisserie_patisserie
系列店 Map⑦ B-4

TARTE AU SIROP D'ÉRABLE
6.50

暮らすように過ごす　グルメ

パリでバブカといえばこのお店

Babka Zana

バブカ・ザナ［Map④ B-3］

モンマルトル

東欧生まれで、特にユダヤ人たちがお祝いの日に食べたとされる甘いパン、バブカ。これがアレンジされてまずニューヨークで流行し、パリでは2020年にオープンしたこの「バブカ・ザナ」がブームの火付け役となりました。オーナーのサラさんは、親戚が住むイスラエルや東欧を旅したときに味わったこのパンをパリでも紹介したいと、それまでの仕事を辞めて一念発起。夫のエマニュエルさんとともにバブカのレシピ研究から始めました。48時間寝かせた生地を香ばしく焼いたここのバブカは2〜3日常温保存できて固くならず、もちっとした食感が最高です。チョコレートはもちろん、ヘーゼルナッツやピスタチオ、胡麻ペーストなどを練り込んだ、小さめで食べやすいバブカは定番おやつの仲間入りをしつつあります。

バブカはポーランド語で「おばあさん」という意味の言葉でもあり、まさにザナはサラさんの祖母の名前。

┌ Data ┐

🏠 65 rue Condorcet 75009
Ⓜ Pigalle ②⑫、Anvers ②
🕐 火-日 8:00-17:30
休 月
babkazana.com ／ @babkazana
系列店 Map② E-3

Data

- 🏠 2 rue du Cardinal Lemoine 75005
- Ⓜ Cardinal Lemoine⑩、
  Maubert Mutualité⑩
- 🕐 月-金 7:00-20:00、
  土日祝 8:00-20:00
- 🚫 無休

tourdargent.com/le-boulanger
@leboulangerdelatour

お店の奥に厨房があり、職人さんた
ちが働く様子を眺められる。

老舗レストランが営むパン屋さん

Le Boulanger de la Tour

ル・ブーランジェ・ドゥ・ラ・トゥール [Map⑥]

カルチエ・ラタン

その名のとおり、お向かいにある16世紀創業の
歴史的なレストラン「トゥール・ダルジャン」が
2017年にオープンしたパン屋さん。どちらもサ
ン・ルイ島と左岸を結ぶトゥルネル橋のすぐそば、
セーヌ川やノートル・ダム大聖堂の眺めが美し
いロケーションです。高級なお店かと思いきや、一見い
わゆる街のパン屋さんで、価格もごく普通。パンはフラ
ンス人にとって日常そのものだからこそシンプルに良
いものを届けるという信念を感じます。オーガニックの
小麦粉と天然酵母を使った生地をじっくり発酵させて
香ばしく焼いたバゲットや田舎パン、そしてクラシック
な顔ぶれのパティスリーのおいしさはここに通う地元
っ子たちのお墨付き。奇をてらわず、フランスの伝統を
守る心意気が感じられるお店です。

© Spartium Pierre-Emmanuel de Leusse

1ツ星を獲得した期待の若手シェフ

FIEF

フィエフ [Map 7 A-1]

メニルモンタン

人気の料理対決番組「トップシェフ」のファイナリストとして知られるヴィクトール・メルシエが、2019年にオープンしたお店。2022年にはミシュラン1ツ星を獲得し、注目度がさらに高まっています。エシカルな観点から、フランス国産の食材のみを使うというコンセプト。シェフが生み出す料理は独創的かつエレガントで、彼の探究心の強さも感じられます。10品コースはカウンター席のみで提供され、シェフの手さばきを見ながら楽しめるのでおすすめです。

Data

- 🏠 44 rue de la Folie Méricourt 75011
- Ⓜ Oberkampf ⑤⑨、Parmentier ③
- 🕐 月-金 19:00-22:00
- 🚫 土、日
- 🍴 デギュスタシオン10品150€、
  コース4品85€、ベジタリアン4品70€

fiefrestaurant.fr ／ @fiefrestaurant

料理はもちろん、器選びや盛り付けからもシェフのマルチな才能が感じられる。

//////////////////////////

Data

- 🏠 42 rue Saint Sébastien 75011
- Ⓜ Saint Sébastien Froissart ⑧、
  Saint Ambroise ⑨
- 🕐 火-土 18:30-23:00
- 🚫 日、月
- 🍴 前菜15€～、メイン27€～、
  デザート10€～

lesaintsebastien.paris ／ @lesaintsebastien

自然派ワインと楽しむモダンフレンチ

Le Saint Sébastien

ル・サン・セバスチャン [Map 2 F-2]

マレ

一見、なんの変哲もないカフェのような外観だけれど、夜になると、おしゃれにもグルメにもうるさいパリジャンたちでにぎわう隠れた人気店。それぞれの食材、とりわけ野菜のおいしさと美しさを最大限に引き出すことに長けたシェフのクリストファー・エドワーズが提案する料理は、どの品も芸術的。400種類以上揃うワインの中でも、特にナチュールのセレクトに定評があり、カウンターでシャルキュトリーと一緒にアペロするのも通な楽しみ方です。

© Maki Manoukian

食材名を並べたシンプルなメニューとは裏腹に、驚くべき奥深さを秘めた料理。

パリジャンが夢中のヴィーガンパン

Land & Monkeys

ランド・エ・モンキーズ[Map②E-3]

マ
レ

日本でも人気のブランジュリー「メゾン・ランドゥメンヌ」のオーナー夫妻が新たに手がける、動物性脂肪、卵、牛乳、クリーム、バター等の乳製品、はちみつを一切使用しない、100%植物性由来の素材のみで作るパンとパティスリーのお店。毎日店内で焼き上げられる有機小麦と天然酵母のバゲットやグルテンフリーの米粉パンはもちろん、ヴィーガンとは思えないリッチな味わいのパティスリーも絶品です。サンドイッチやサラダもおすすめ。イートインもOK！

ヴィーガンでなくても、純粋にそのおいしさを求めて買いに来るファンがたくさん。

Data
🏠 86 boulevard Beaumarchais 75011
Ⓜ Saint Sébastien Froissart⑧
🕐 毎日 7:30-19:30（土日は8:00-）
🚫 無休
💰 バゲット1.1€〜、クロワッサン1.3€、サンドイッチ5.5€〜、サラダ8.5€

land-and-monkeys.com
@land_and_monkeys
系列店 Map② D-4／Map⑦ C-3

© Julia Keil © Julia Keil

////////////////////////////

中庭でのんびり過ごしたい北欧カフェ

Le Café Suédois

ル・カフェ・スエドワ[Map⑪]

Data
📍 20 rue de Martignac 75007
Ⓜ Varenne⑬、Solférino⑫
🕐 月・土 12:00-18:00
🚫 日
💰 サンドイッチ5.5€、シナモンロール3.5€、コーヒー2.5€

@cafesuedois

ア
ン
ヴ
ァ
リ
ッ
ド

マレ地区で長年愛されていたスウェーデンカフェが、2022年に、官庁が並ぶ7区の閑静な界隈に引っ越しました。にぎやかな右岸からシックな左岸へと、場所は違えど、温もりのあるあの雰囲気と素朴な味わいはそのまま。ランチにはスウェーデン伝統のオープンサンドやオーガニック野菜のスープ、午後には定番のシナモンロールを。晴れた日は中庭のテラス席に腰かけて、向かいのサント・クロチルド寺院を眺めながらゆったりとした時間を過ごしましょう。

北欧らしいシンプルで優しい色合いのインテリアが迎えてくれる店内。

物語のあるオブジェに出会える場所

Ailleurs

アイユール［Map⑦ A-4］

バスティーユ

趣深い青緑色のファサードが印象的な「アイユール」は、インテリアをこよなく愛する人たちが足繁く通う名店。オーナーのレジスさんは、あの「メルシー」(P.37)でメゾン部門を長年担当したのち、2016年にこのお店をオープンしました。かつて家具工房だった面影を残す店内には、職人が手作りする素朴な陶器やレジスさん自ら掘り出した骨董品、一目惚れしたデザイン家具など、国も時代もスタイルも異なるものたちが不思議と美しく調和しています。「物語のある品だけを届けたい」と願うレジスさんの唯一無二のセレクトに絶大な信頼を寄せる人は多く、初めて訪れたお客さんも、まるで昔からの顔見知りのように彼と会話をしながら、お気に入りを見つけて、幸せな気分で店をあとにするのです。

自宅インテリアの参考にしたい、とっても素敵な店内ディスプレイ。看板犬オピウムくんも可愛い。

Data

🏠 17 rue Saint Nicolas 75012
Ⓜ Ledru Rollin⑧、
Bastille①⑤⑧
🕐 月-土 11:00-19:00
🚫 日
ailleurs-paris.com／@ailleursparis

旅の記憶を呼び起こす香りたち

MEMO

メモ［Map①B-3］

オペラ

2007年、クララ・モロワさんとその夫ジョンさんが立ち上げたフランスのフレグランスブランド。パリジェンヌでアーティストのクララと、アイルランド出身でアクティブなジョン、2人の共通の楽しみは世界中を旅すること。店名の「MEMO」が「mémoire（記憶）」から生まれたのは、まさに旅の思い出を香りで表現しているからです。世界遺産の岩窟教会があるエチオピアのラリベラ、海が美しいギリシャのケルキラ島、インドの聖地マドゥライなど、彼らが訪れた場所がフレグランスとして蘇り、身にまとう人を旅と冒険へといざないます。私たちのお気に入りは、ミャンマーのインレー湖にインスパイアされた「INLÉ」。見たこともないはずの湖に浮かんでいるような穏やかな気分になれる香りです。

それぞれの香りや土地の記憶からインスピレーションを得て、クララさん自らが手がけているボトルのデザインもとても素敵。

Data

🏠 24 rue Cambon 75001
Ⓜ Madeleine ⑧⑫⑭、
  Concorde ①⑧⑫
🕐 月-土 10:00-19:00
🚫 日
memoparis.com

Data

🏠 2 rue Ronsard 75018
Ⓜ Anvers ②、Abbesses ⑫
🕐 月-金 11:00-18:00、
　 土 11:00-19:00、
　 日 12:00-18:00
🚫 1/1、5/1、7/14、8/15、
　 8月の土日、12/25
hallesaintpierre.org
@hallesaintpierre

歩き疲れたら、開放感あふれる空間でちょっとひと休みを。

モンマルトルの秘密の場所でひと休み

Halle Saint Pierre

アール・サン・ピエール [Map ④ C-2]

モンマルトル

モンマルトルの丘に立つサクレ・クール寺院は、パリで必ず訪れたい観光スポットのひとつ。毎日たくさんの観光客でにぎわうこの界隈に、パリジャンたちが憩うとっておきの場所があります。

丘の頂上に向かって右手に位置する「アール・サン・ピエール」は、1995年オープンのカルチャー施設。1階は気軽なカフェとアート本を扱う本屋さん、大きな螺旋階段を上った2階には有料のギャラリーがあり、アール・ブリュットの作品を中心にした展示が行われています。元々、屋根付きマルシェとして1868年にヴィクトール・バルタールが設計したこの建物は、その20年ほど後に完成したエッフェル塔のように、気品を感じさせる鉄とガラスのデザインが美しく、一見の価値ありです。

© Brocante Petite LuLu

物語を秘めたオブジェを手にする幸せ

Brocante Petite Lulu

ブロカント・プティット・ルル

パリ郊外

使い込まれて味わいを増したカトラリーやテーブルウェア、そのふぞろいな形が職人の温もりを感じさせる吹きガラス…ゆっくりと時を重ねた骨董品は、フランスの「アール・ド・ヴィーヴル」に欠かせないアイテムです。「ブロカント・プティット・ルル」は日本人の綾子さんと夫のクリストフさんがリールやアミアン、シャンボールなどフランス各地の蚤の市で買い付けたりオークションで競り落としたりした18〜20世紀半ばのアンティークを扱うお店。2人の確かな目で厳選された品々を、日本語でアドバイスを受けながら選べるのは、初心者はもちろん、アンティーク好きな方にとっても贅沢な体験です。場所はパリの隣町にある素敵なアパルトマンで、メトロ8号線でアクセス。予約制なので、メール（日本語可）で連絡しましょう。

© Brocante Petite LuLu
© Brocante Petite Lulu

フランスでは100年以上前のものをアンティーク、それ以降のものをブロカントと呼ぶのだそう。

Data

🏠 rue Jean Baptiste Marty 94220 Charenton-le-Pont（番地やアパートへのアクセスは予約時に確認）

Ⓜ Charenton Ecoles⑧
brocante.petitelulu@gmail.com
brocante-petitelulu.com
@brocante.petitelulu

© Brocante Petite LuLu

© Brocante Petite LuLu

田舎のおうちのような雑貨屋さん

Mezzanine Paris

メザニン・パリ［Map③ B-3］

パリ市内のモード学校で出会ったデザイナーのリザとケリーが、卒業後に2人でインテリアショップをオープン。目指したのは、大都市パリにありながら田舎のおうちのような、心地よさが漂うお店。ただお気に入りを並べるセレクトショップではなく、多くの商品は、2人がデザインを手がけ、職人さんに作ってもらっているオリジナルです。たとえばホームリネンはパリ郊外の、食器はポルトガルの職人さんたちによるものです。自分たちがデザインしない吹きガラスやかご、石鹸なども、信頼を置く職人さんのものだけを扱っていて、とにかく手仕事へのリスペクトと素朴なものの美しさへの愛に満ちています。タオルやパジャマは追加料金なしでその場で刺繍を入れてもらえるので、オンリーワンなお土産に。

2人が大好きなリバティ以外は、有名ブランドが余らせた上質な生地を活用するアップサイクルを徹底。

/ Data
- 39 rue de l'Abbé Grégoire 75006
- Ⓜ Saint Placide④
- 月-土 11:00-19:00
- 日
- mezzanine-paris.com
- @mezzanine_paris

暮らすように過ごす　ライフスタイル

手仕事ならではの凛とした美しさ

Antoinette Poisson
アントワネット・ポワソン［Map 7 A-3］

バスティーユ

静かな中庭に佇む「アントワネット・ポワソン」は、美しい紙ものや職人の手仕事を愛する人に立ち寄ってほしいアトリエ・ブティック。落ち着いた雰囲気の店内には、木版で図柄を印刷し、植物や幾何学模様を彩色した色とりどりの「ドミノペーパー」が並んでいます。美術品の修復を専門とするヴァンサン、ジャン゠バティスト、ジュリーの3人が、18世紀以降に失われた伝統技術を現代に蘇らせ、手漉きの紙を用いて昔ながらの手法で一枚ずつ丁寧に手作りしています。再現された古い絵柄や、彼らが新たに生み出すオリジナル柄の繊細さにうっとり。額に入れて飾れるドミノペーパーをはじめ、ノートやポストカード、クッションなどのリネン類が、日々の暮らしを上質なものにしてくれます。

手製本のノート（35€）のほか、封筒＆カード6枚セット（24€）やメニュー＆座席カード6枚セット（24€）などがある。

Data
🏠 12 rue Saint Sabin 75011
Ⓜ Bastille ①⑤⑧
🕐 水-土 13:00-19:00
🚫 日、月、火
antoinettepoisson.com
@antoinettepoisson

Bag-All

バッグオール ［Map ② D-3］

マレ

使い捨ての悪い習慣を見直し、何度もリユースできる収納ケースが欲しい、けれど、おしゃれも妥協したくない！と考えたスウェーデン人スタイリストのジェニファーが、2013年にニューヨークでスタートしたブランド。コットン製の巾着やポーチ、ヴァニティには、用途に合わせて大人可愛いイラストや遊び心のある単語がプリントされていて、全部買い揃えたくなります。形やサイズも豊富で、旅行のパッキングも楽しくできそう。その場で好きな文字を刺繍してくれるサービスも人気の理由のひとつです。所要時間は10分ほどで、料金は1～3文字12€、4～7文字15€、4種類のフォントと糸の色から選べます。さらに、1回の刺繍サービスが植林1本に繋がる環境活動に参加できるのも魅力です。

モノクロの大人可愛いイラストはとにかく種類がたくさんあるので、少しずつ買い足してコレクションするのも楽しそう。

Data

🏠 11 rue des Rosiers 75004
Ⓜ Saint Paul ①
🕐 毎日 11:30-19:00
🚫 無休
bag-all.com ／ @bag_all

暮らすように過ごす　ライフスタイル

パリのデパ地下で旅の疲れを癒やす

La Wellness Galerie

ラ・ウェルネス・ギャラリー[Map①C-1]

オペラ

Data

🏠 40 boulevard Haussmann
75009

Ⓜ Chaussée d'Antin La Fayette⑦⑨

🕐 月-土 10:00-20:30、
日・祝 11:00-20:00

🅧 無休

wellness.galerieslafayette.com/en
@galerieslafayette

15分のフットマッサージやヘッドマッサージもあるので活用したい。

ギャラリー・ラファイエット(P.45)の本館地下1階に誕生した3000㎡の新しいスペース。定番のビューティー、ボディケア、フェイスケアはもちろん、エネルギー(心と体の再生・調和)、フィットネス、ムーブメント(ピラティス、ヨガ)まで加えた総合的なウェルネスをテーマにしているのが最大の特徴で、各分野から厳選された最高の専門店がひとつの空間に集結しています。旅行者でも試しやすい15〜30分の短時間で終わるマッサージやセラピーもいろいろあり、英語サイトからオンライン予約が可能です。コスメ好きな方は、今注目すべきフェイス&ボディ&ヘアケアやコスメのアイテムが集まる、中央のビューティーストアもおすすめです。ヘルシーなカフェもあって、一日過ごせそう。

© Thibaut Voisin

モード界のプロたちが通う古着屋さん

Thanx God I'm a V.I.P.

サンクス・ゴッド・アイム・ア・ヴィップ [Map 10]

暮らすように過ごす ショッピング

レピュブリック

パリで古着を探すなら、絶対に外せないアドレスがこちら。2008年のオープン以来、ヴィンテージ好きなパリジャン、パリジェンヌが足繁く通うのはもちろんのこと、ファッションウィーク中には、世界各地からその業界のプロたちが訪れ、いつも以上ににぎわいます。これほどまでに絶大な支持を受ける理由は、古着販売を始めて30年近いというオーナーのシルヴィさんの目利き力！　1930年代から現在まで、ハイブランドを含む幅広い価格帯の服を揃えるよう心がけ、流行ではなく彼女の勘に従って、「今も着られる服」だけをセレクトしています。メンズ、レディース合わせて、毎週少なくとも100点以上が追加され、400㎡の店内に色別に並べられた服や小物のグラデーションにうっとりします。

とにかく状態の良いものばかりが揃い、価格も良心的なので信頼を寄せるファンは多い。

Data

🏠 12 rue de Lancry 75010
Ⓜ Jacques Bonsergent ⑤、
　 République ③⑤⑧⑨⑪
🕐 火-土 14:00-20:00
🚫 日、月
thanxgod.com ／ @thanxgodimavip

耳元をモードに飾る芸術的なオブジェ

Charlotte Chesnais

シャルロット・シェネ ［Map③ B-2］

単品で買えるイヤーカフは形やカラーもいろいろあるので、ひとつずつ試しながら、自分にぴったりのものを選んで。

サンジェルマン・デプレ

ここ数年で、ファッションに欠かせないアイテムとしてすっかり定着したイヤーカフ。そのブームの先駆けとなった「シャルロット・シェネ」が、オペラ地区の店舗に次いで、サンジェルマン大通りに2店舗目をオープンしました。バレンシアガのデザイナーとして、ニコラ・ジェスキエールのもとで働いたのち、2015年に自身の名前を冠にしたブランドを立ち上げたシャルロット。流線形を描く大胆なラインとカーブで構築されるイヤーカフは、ミニマルでありながらしっかりと存在感もあり、時代や流行を超越した芸術作品のような美しさをたたえています。リングやネックレス、ブレスレットも、モード感と抜け感のバランスが抜群でオン＆オフに使えます。いつも頑張っている自分へのご褒美にいかが？

/ Data |
🏠 169 boulevard Saint Germain
　75006
Ⓜ Saint Germain des Prés④
🕐 火-木 12:00-19:00、
　金-土 11:00-19:00
🚫 日、月
charlottechesnais.com
@charlottechesnais
系列店 Map① B-3

Data

住 214 rue de Rivoli 75001
M Tuileries ①
営 月−土 10:00-19:30
休 日
laurencebras.com ／ @laurencebras

リヴォリ通りに面したパリ唯一の路面店は、1階に季節のコレクション、2階に定番や少しフォーマルなアイテムが並ぶ。

インドとパリの出会いが生んだエレガンス

Laurence Bras

ロランス・ブラ［Map①B-3］

ルーヴル

年齢を重ねて、心も体も無理することなく、より自然体におしゃれを楽しみたいと願う女性たちが愛してやまない「ロランス・ブラ」。デザイナーのロランスさんが、17年間インドのデリーで暮らしていたこともあり、インド綿や伝統的な細工のボタン、手刺繍やブロックプリントといったインドならではの素材と職人技を積極的に活かし、「インドとパリの融合」という他にはないスタイルを作り上げました。どのアイテムも着心地の良さと形の美しさに定評がありますが、ベストセラーのブラウスCigarやJuul、軽やかで女性らしいワンピースはぜひ試着してほしい名品。無地やストライプ、チェック、花柄といった着やすいモチーフが多く、シーズンごとに定番を買い足すリピーターも多いです。

職人たちの情熱の結晶を身につける

Monsieur Paris

ムッシュー・パリ [Map②] D-2]

デザイナーのナディアさんが2010年北マレのシャルロ通りにオープンし、今もパリジェンヌたちに愛され続けている人気のジュエリーブランド。繊細なチェーンと上品な天然石を使ったジュエリーは華奢なのに存在感があり、大人っぽいのに愛らしく、どんな着こなしにもしっくりなじみます。洗練されていながらも、手作りならではの風合いを感じられるのが最大の魅力。ブティックから歩いてすぐのところにあるアトリエでは、職人さんたちがジュエリーをひとつひとつ手作りしています。マレ地区がかつて宝飾工房の街だったおかげで、金や宝石などの材料の店や金メッキなどの専門職人さんも1km圏内に集まっていて、工程のほぼすべてがこの地区で完結している、まさにメイド・イン・マレなお店です。

リサイクルゴールドやデッドストックの宝石をアップサイクルすることでサステナビリティにも配慮。

Data

🏠 53 rue Charlot 75003
Ⓜ Filles du Calvaire⑧
🕐 月-金 10:00-19:00、
　 土 11:00-19:00
🚫 日
monsieur-paris.com
@monsieur.paris

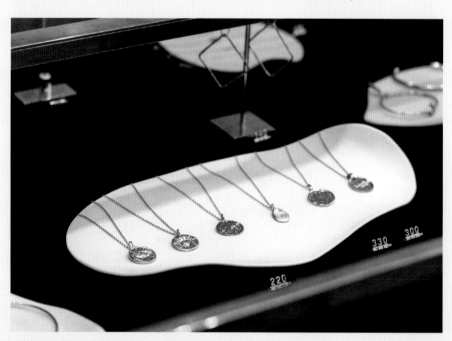

暮らすように過ごす　ショッピング

端正な佇まいのネオクラシックな靴

Anthology Paris

アンソロジー・パリ [Map④ A-2]

モンマルトル

Data
- 25 rue Lepic 75018
- Abbesses⑫、Blanche②
- 火-日 10:30-14:00/
  15:00-19:30(日は11:00-)
- 月
anthology-paris.com ／ @anthologyparis
系列店 Map② D-2／Map③ B-2
　　　Map④ B-3

おしゃれさんほど靴選びには手を抜かないフランス人。2011年に誕生し、現在パリに5店舗を構えるまでに成長した「アンソロジー・パリ」は、そんな彼ら、彼女らのお眼鏡にかなった人気ブランド。履き心地の良さと美しさ、そして手の届く価格を兼ね備えた靴作りが彼らの信条。ローファーやダービー、バレエシューズといった定番のモデルを、無駄のないデザインとモダンな素材で再構築することで、流行を問わずタイムレスに履き続けられるのが強みです。

系列店がほかにも3店舗あるので、アクセスしやすいお店にぜひ足を運んで。

///////////////////////////

Data
- 64 boulevard Haussmann 75009
- Havre Caumartin③⑨
- 毎日 10:00-20:00(日は11:00-)
- 無休
printemps.com ／ @printemps

進化し続ける老舗百貨店の象徴

Le 7ème Ciel

ル・セッティエム・シエル [Map① B-1]

オペラ

プランタン百貨店ウィメンズストア7階に2021年誕生したサステナビリティをテーマにしたフロア。歴史的建造物指定のドーム天井や大きなガラス戸から自然光がたっぷり入る気持ちのいい空間です。ハイブランド&クリエイターブランドの厳選されたヴィンテージやセカンドハンドの販売・買取を行うほか、リサイクルやアップサイクルのさまざまなクリエイターや企業が紹介されています。パリの絶景とカフェを楽しめるテラスにもアクセスできますよ。

© Romain Ricard

70年代以降一般公開されていなかったのが嘘のような、天井の高い素敵なスペース。

モードの素晴らしさを体感する新名所

La Galerie Dior

ラ・ギャラリー・ディオール [Map⑧]

1946年に1号店が誕生し、今も本店があるモンテーニュ通り30番地からフランソワ・プルミエ通りを進むと入口が見えてくる。

シャンゼリゼ

フランスを代表するブランドのディオールが、その歴史を振り返る美術館を2022年にオープン。2000㎡のスペースに、初代クリスチャン・ディオールから歴代デザイナーたちが受け継いできたメゾンの世界観を13のテーマに分けて紹介しています。アイコニックなドレスのミニチュアたちが螺旋階段に沿ってカラー別に並ぶ、息をのむほど美しい展示を皮切りに、真っ白なトワルの試作品が並ぶアトリエ、創業当時のオフィスやショーの控室など、めくるめく夢のような空間が続き、音と光のスペクタクル「ディオールの舞踏会」で興奮は最高潮に！ 最後は入場者だけが利用できる優雅なカフェに吸い込まれ、美しいパティスリーでひと休み。当日券の行列を避けるために、事前予約を強くおすすめします。

Data

- 🏠 11 rue François 1er 75008
- Ⓜ Franklin D. Roosevelt①⑨、
  Champs Elysées Clémenceau①⑬
- 🕐 月、水-日 11:00-19:00
  （金は -21:00）
- ⊗ 火、1/1、5/1、12/25
- 🎫 12€、10-26歳8€、9歳以下無料

galeriedior.com/ja
@galeriediorparis

中世の神秘と美を体感する

Musée de Cluny

クリュニー中世美術館［Map⑥］

中庭からは美しい装飾のファサード
を眺められる。公共浴場遺跡も玄関
ホールからアクセスして間近で見ら
れるのでお忘れなく。

カルチエ・ラタン

ガロ=ロマン時代の公共浴場遺跡の隣に、15世紀
末、クリュニー修道院長の邸宅が建てられました。
この建物が19世紀、中世美術館となり現在に至
ります。2015年からの長い工事を経て新館が増
築され、より明るくモダンな展示と設備となり、
2022年5月に再オープン。中世という、長いスパンの歴
史や芸術の変遷がさらにわかりやすくなりました。石像、
ステンドグラス、工芸品など、繊細で美しい展示品を眺
めているうちに、中世に抱きがちな暗い印象がかき消さ
れます。最大の見どころはタペストリーの傑作『貴婦人
と一角獣』。「味覚」「聴覚」「視覚」「嗅覚」「触覚」そして「我
が唯一の望みに」の6枚の連作で、細かな描写が生き生き
としてとても美しく、ずっと見ていたくなるほどです。

Data

🏠 28 rue du Sommerard 75005
Ⓜ Cluny La Sorbonne⑩
🕙 火-日 9:30-18:15
🚫 月、1/1、5/1、12/25
💰 オンライン13€（窓口12€）、
　　18-25歳11€（窓口10€）、
　　17歳以下無料

musee-moyenage.fr
@museecluny

建築がアートそのものの現代美術館

Fondation Louis Vuitton

ルイ・ヴィトン財団美術館 [Map⑬]

ブローニュの森

ブローニュの森の中に突如現れる、ガラスの帆船のような建物。世界的な建築の巨匠フランク・ゲーリーが設計を手がけたこの美術館は、建物そのものがすでに大きな見どころですが、もちろんその素晴らしいコレクションも見逃せません。ルイ・ヴィトンを筆頭に、数多くの高級ブランドを保有するLVMHグループのCEO、ベルナール・アルノーが個人的に収集した現代アートのコレクションや財団所蔵の作品を常設展示。最近ではモネ×ミッチェル展、バスキア×ウォーホル展など、質の高い企画展も毎回人気を博しています。上階のテラスからはラ・デファンスの高層ビルやエッフェル塔が見えるほか、この建築の構造の一部を間近に観察することができます。お土産にはLVロゴ入りグッズを。

美術館の建物は、精密なカーブを描く3600枚のガラスパネルと19000枚の超高強度繊維補強コンクリートパネルを使った、真っ白な屋根が目印。

/ Data ┃

🏠 8 avenue du Mahatma Gandhi
　75116

Ⓜ Les Sablons①、
　凱旋門近くからシャトルバスあり

🕐 月・水・木 11:00-20:00、
　金 11:00-21:00、
　土・日 10:00-20:00

🚫 火、1/1、5/1、12/25

💰 16€、18-26歳10€、
　3-17歳5€、2歳以下無料

fondationlouisvuitton.fr
@fondationlv

フランスの歴史的建築を一挙に見学

Cité de l'Architecture et du Patrimoine

建築遺産博物館［Map⑧］

シャンゼリゼ

エッフェル塔の眺めが美しいシャイヨ宮にある博物館。天井の高い1階にはローマ時代から18世紀までのフランス各地の歴史的建造物が実物大の模型で展示されており、本物さながらの精巧さとその大きさに圧倒されます。2階では近現代建築の縮小模型や写真、映像を展示し、技術の進歩や人口の増加が建築に与えた影響が分かりやすく解説されています。また、マルセイユに現存するル・コルビュジエの集合住宅の実物大見本は、中に入って見学できます。

Data
- 🏠 1 place du Trocadéro et du 11 Novembre 75016
- Ⓜ Trocadéro⑥⑨
- 🕐 月、水-日 11:00-19:00（木は-21:00）
- 🚫 火、1/1、5/1、7/14、12/25
- 🎫 常設展または特設展9€、常設＆特設展12€、17歳以下無料
citedelarchitecture.fr ／ @citedelarchi

パリにいながらにしてフランス中の建築遺産を見ることができるのが魅力。

////////////////////////////

Data
- 🏠 2 rue Louis Boilly 75016
- Ⓜ La Muette⑨
- 🕐 火-日 10:00-18:00（木は-21:00）
- 🚫 月、1/1、5/1、12/25
- 🎫 14€、7-17歳9€、6歳以下無料
marmottan.fr ／ @museemarmottanmonet_

印象派の名の由来となった作品を見に

Musée Marmottan Monet

マルモッタン・モネ美術館［Map⑭］

ブローニュの森

ブローニュの森近く、かつて狩猟用の別荘だった19世紀の邸宅に暮らしていた美術品収集家ポール・マルモッタン。彼の死後、コレクションと邸宅が寄贈され、1934年に美術館として開館しました。ハイライトは地下フロアにある世界有数のモネ・コレクション。「印象、日の出」「ルーアンの大聖堂」、そして「睡蓮」などの名作をじっくり鑑賞しましょう。美しい調度品で飾られた1、2階にはルノワールやマネ、シスレーなどの印象派絵画が展示されています。

クロード・モネの次男ミシェルから1966年に89点もの絵画が遺贈された。

繊細なクリスタルがきらめく夢の世界

Galerie-Musée Baccarat

バカラ美術館［Map 8］

シャンゼリゼ

ロレーヌ地方バカラ村で1764年からクリスタルガラス製品を作り続ける老舗の美術館が、ブティックやレストランも併設したメゾン・バカラ・パリ内にあります。閑静な住宅街にある貴族の邸宅で、玄関ホールに入った瞬間から幻想的な空間が広がります。地上階のブティックでチケットを購入したら、豪華絢爛なシャンデリアを眺めつつ1階の美術館へ。260年近い歴史の中で、優れた職人たちが生み出した歴代の名品たちをじっくりと鑑賞しましょう。

Data

住 11 place des Etats Unis 75116
M Boissière ⑥
開 火-土 10:00-18:00
休 日、月、祝
料 10€、24歳以下の学生7€、17歳以下無料
baccarat.fr ／ @baccarat

職人技を感じさせる繊細な細工が施されたグラスや食器がずらりと並ぶ。

郵便の歴史からフランスを知る

Musée de la Poste

郵便博物館［Map 3 A-4］

モンパルナス

2019年に新装オープンしたこの博物館では、フランスの郵便制度の誕生と発展の経緯がバラエティ豊かな所蔵品を通して紹介されていて、各時代のフランス社会の様子をも想像できる展示となっています。配達人の制服や歴代の郵便ポスト、郵便局のロゴの変遷などデザインの歴史として見ても興味深いです。さらに、19世紀から現在までにフランスで発売された切手がずらりと並ぶコーナーも圧巻。ショップではフランス郵便オリジナルグッズが見つかります。

Data

住 34 boulevard de Vaugirard 75015
M Montparnasse Bienvenüe ⑬
開 月、水-日 11:00-18:00
休 火、1/1、5/1、12/25
料 9€、60歳以上5€、25歳以下無料
museedelaposte.fr ／ @museeposte

郵便だけでなく電信電話も含めた通信の歴史がわかりやすく展示されている。

Dalí Paris

モンマルトル

ダリ・パリ [Map④ B-2]

「柔らかい時計」の彫刻など300点を超える彫刻、絵画、オブジェ、家具などを通して、サルバドール・ダリの奇抜で不思議な世界にぐっと近づける美術館。2018年にリニューアルオープン。

© Jean-Pierre Delagarde

Musée de Montmartre

モンマルトル

モンマルトル美術館 [Map④ B-2]

かつてユトリロと母スザンヌ・ヴァラドンが暮らした家に、20世紀初頭のモンマルトルゆかりの作品が展示されています。再現されたアトリエも必見。サクレ・クール寺院観光のついでにぜひ。

🏠 11 rue Poulbot 75018　Ⓜ Abbesses⑫
🕐 毎日 10:00-18:30　🈺 無休
🎫 通常14€、65歳以上12€、8-25歳10€、
　7歳以下無料
daliparis.com ／ @dali_paris_officiel

🏠 12 rue Cortot 75018
Ⓜ Lamarck Caulaincourt⑫
🕐 毎日 10:00-19:00　🈺 無休
🎫 15€、17歳以下8€、9歳以下無料
museedemontmartre.fr ／ @museedemontmartre

//////////////////////////////

Musée du Parfum Fragonard

オペラ

フラゴナール香水博物館 [Map① B-2]

南仏グラース発祥、創業97年の老舗メゾン「フラゴナール」。無料で見学できるこの博物館では、香水の歴史や伝統的な製法を豊富な展示とコレクションと共に学べます。オペラ座のすぐそば！

© FRAGONARD PARFUMEUR　© FRAGONARD PARFUMEUR

Musée Jacquemart-André

シャンゼリゼ

ジャックマール・アンドレ美術館 [Map⑧]

19世紀の銀行家＆画家夫妻の華麗な邸宅に、彼らが集めたイタリア・ルネサンスや18世紀フランス、オランダ絵画の名作が贅沢に展示されています。鑑賞後は美しいサロン・ド・テでお茶を。

🏠 9 rue Scribe 75009　Ⓜ Opéra③⑦⑧
🕐 毎日 9:00-18:00（日は-17:00）
🈺 無休　🎫 無料
musee-parfum-paris.fragonard.com
@fragonardparfumeurofficiel

🏠 158 boulevard Haussmann 75008
Ⓜ Miromesnil⑨⑬、Saint Philippe du Roule⑨
🕐 毎日 10:00-18:00　🈺 無休
🎫 通常17€、65歳以上16€、7-25歳10€、
　6歳以下無料
musee-jacquemart-andre.com ／ @jacquemartandr

Musée Gustave Moreau

ギュスターヴ・モロー美術館［Map④ A-4］

モ
ン
マ
ル
ト
ル

19世紀の象徴主義画家ギュスターヴ・モローが暮らした邸宅を生前のままに残し、数多くの絵画やデッサンを展示する美術館。美しい螺旋階段のある大広間と、大作が並ぶアトリエは特に必見。

Musée de la Vie Romantique

ロマン派美術館［Map④ A-3］

モ
ン
マ
ル
ト
ル

モンマルトル界隈にひっそりと佇む無料の美術館。19世紀、この館に集ったロマン主義の芸術家たちにゆかりのある品々が展示されています。薔薇が美しい中庭のカフェで優雅にひと休み。

🏠 14 rue de la Rochefoucauld 75009
Ⓜ Trinité d'Estienne d'Orves⑫、Saint Georges⑫
🕐 月、水-日 10:00-18:00　🚫 火、1/1、5/1、12/25
💰 通常7€、18-25歳5€、17歳以下無料
musee-moreau.fr ／ @museegustavemoreau

🏠 16 rue Chaptal 75009
Ⓜ Saint Georges⑫、Pigalle②⑫
🕐 火-日 10:00-18:00　🚫 月、1/1、5/1、12/25
💰 常設展無料（企画展開催時は常設展と合わせて有料）
museevieromantique.paris.fr

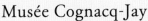

Musée Cognacq-Jay

コニャック・ジェイ美術館［Map② D-3］

マ
レ

サマリテーヌ（P.45）の創始者エルネスト・コニャックと妻のルイーズ・ジェイが1900〜27年の間に収集した個人コレクションを展示。18世紀フランスの絵画や調度品など、見応えあり。

Palais Galliera　Musée de la mode de la Ville de Paris

ガリエラ・モード美術館［Map⑧］

シ
ャ
ン
ゼ
リ
ゼ

ルネサンス様式のガリエラ宮にある服飾専門の美術館。パリ市が所有する膨大なコレクションを元に、モードの国フランスならではの視点でキュレーションされた企画展のみが開催されます。

🏠 8 rue Elzévir 75003
Ⓜ Saint Paul①、Chemin Vert⑧
🕐 火-日 10:00-18:00　🚫 月
💰 常設展無料（企画展開催時は常設展と合わせて9€）
museecognacqjay.paris.fr ／ @museecognacqjay

🏠 10 avenue Pierre 1er de Serbie 75116
Ⓜ Iéna⑨、Alma Marceau⑨
🕐 火-日 10:00-18:30（木は-21:00）
🚫 月、1/1、5/1、12/25
💰 通常15€、18-26歳13€、17歳以下無料
palaisgalliera.paris.fr ／ @palaisgallieramuseedelamode

モンマルトル散策
Promenade à Montmartre

古き良きパリにタイムスリップ

19世紀半ばにパリ市に統合されるまでは丘の上に風車と葡萄畑が広がる郊外の農村だったモンマルトル。サクレ・クール寺院(P.57)でパリの絶景を眺め、裏手にまわってモンマルトル美術館(P.110)を見学した後は、ぜひのんびりお散歩を。たくさんの階段や入り組んだ小道を歩きまわり、「パリのなかの田舎」と呼ばれるこの地区の魅力を満喫しましょう。

Ⓜ Abbesses⑫、Lamarck Caulaincourt⑫、Anvers②

標高130mのモンマルトルの丘の上にそびえるサクレ・クール寺院のドームは高さ83mで、パリ市内各所から見える。

/////////////////////

01 The Sinking House
沈む家

サクレ・クール寺院に向かって右手の芝生から見える建物がインスタグラムの「#sinkinghouse」タグで話題。撮り方次第で沈没する船のように見えます。

02 Maison Rose
メゾン・ローズ

坂道の途中に佇む愛らしいピンク色の家で、ユトリロが描いたことでも有名。20世紀初めにオープンして以来、今もレストランとして使われています。

03 Lapin Agile
ラパン・アジル

今のパリで本物のシャンソンが聴ける唯一のシャンソン酒場。さくらんぼのお酒を飲みつつ歌声に聴き惚れる…ピアフの時代にタイムスリップできる場所。

モンマルトル

04 Rue du Mont Cenis
モン・スニ通りの階段

絵描きたちが集うテルトル広場から延びる通りで、美しいアパルトマンに囲まれた階段は奥に見えるパリの風景と相まってフォトジェニックです。

モンマルトル

05 Rue de l'Abreuvoir
アブルヴォワール通り

2番地にあるメゾン・ローズをはじめ、それぞれに特徴的な一軒家が立ち並ぶ通りで、奥にサクレ・クール寺院が見えるダリダ広場からの風景も素敵です。

モンマルトル

06 Place Emile Goudeau
エミール・グドー広場

傾斜のある石畳に木がたくさん植えられていて、静かで落ち着いた雰囲気の広場。ピカソが活動拠点とした洗濯船と呼ばれる建物もあります。

モンマルトル

07 Café des Deux Moulins
カフェ・デ・ドゥ・ムーラン

モンマルトルが舞台の映画『アメリ』で主人公アメリが働いていたカフェは、真っ赤なひさしもそのままに実在。クレーム・ブリュレを味わってみましょう。

モンマルトル

その他のおすすめの通り

Rue Saint Vincent
サン・ヴァンサン通り

Rue Lepic
ルピック通り

Rue Norvins
ノルヴァン通り

Rue Ravignan
ラヴィニャン通り

Villa Léandre
ヴィラ・レアンドル

知的だけど気取らないパリの学生街

Balade au Quartier Latin

カルチエ・ラタンの街歩き［Map⑥］

カルチエ・ラタン

中世にソルボンヌ大学が誕生し、欧州各地の学生が通った地区。彼らがラテン語で会話していたことから、ラテン語の地区＝カルチエ・ラタンと名づけられました。現在も高等教育機関が集まる学生街で、手頃な飲食店や名画座（P.133）、古書店などが多いです。セーヌ川沿いの英語書籍専門店（P.36）のあたりから昔ながらの小道を抜けて中世美術館（P.106）へ。さらに進むとソルボンヌ大学、そしてフランスの偉人たちを祀るパンテオンがそびえます。グルメなお店が並ぶムフタール通りでお腹を満たしたら、植物園へ。美しい草花を楽しめる庭園は誰でも無料でアクセスできるほか、世界の貴重な動植物の標本を展示する自然史博物館もおすすめ。近くの異国情緒たっぷりなモスクでは併設のカフェでミントティーがいただけます。

古代ローマ時代に建てられたリュテス円形闘技場や、中世の城壁、石畳の小道などが今も残されている、パリで最も長い歴史を持つ地区の一つ。

Data

Ⓜ Cluny La Sorbonne⑩、
Maubert Mutualité⑩、
Cardinal Lemoine⑩、
Jussieu⑦⑩、Place Monge⑦、
Saint Michel④

はるか昔からパリを見守ってきた島

Ile de la Cité et Ile Saint Louis

シテ島＆サン・ルイ島の散策［Map⑤］

シテ島＆サン・ルイ島

セーヌ川に並んで浮かぶ2つの島。パリ発祥の地と言われるシテ島は、ノートル・ダム大聖堂(P.56)、サント・シャペル(P.54)、マリー・アントワネットが投獄されたコンシェルジュリーなどで有名ですが、観光地だけに留まらず、レストランやカフェでにぎわうドーフィヌ広場や、島の先端のヴェール・ギャラン公園、19世紀から続く花市などをのんびり散策してください。シテ島から橋を渡り、お隣のサン・ルイ島へ。真ん中を貫くサン・ルイ・アン・リル通りがメインストリートで、カフェやパン屋さん、雑貨屋さんなどが軒を連ね、小さな村のようです。パリーと名高いアイスクリーム屋さん「ベルティヨン」や教会もここにあります。島の周りの道を歩いてみれば、街路樹と街灯とセーヌ川が織りなす、四季折々の美しい風景が待っています。

ヴェール・ギャラン公園へはポン・ヌフの階段からアクセス。立派な柳の木がある先端からはルーヴル美術館や芸術橋の眺めが美しい。

/Data|
Ⓜ Cité④、Pont Marie⑦

重厚な図書館で感じるフランスの歴史

Bibliothèque Nationale de France Richelieu

フランス国立図書館リシュリュー館 [Map① D-3]

ルーヴル

14世紀の王室文庫を起源とする歴史ある国立図書館リシュリュー館は、10年以上にわたる大改修工事を終え、2022年9月にリニューアルオープンしました。4000万点にも及ぶ所蔵品の一部を一般公開する美術館が館内に新しく誕生し、古代美術から中世の銀食器や宝飾品、コインやメダルなど、貴重なコレクションを鑑賞できるようになりました。なかでも、天井の美しいフレスコ画の下、中世の写本や著名な作家や音楽家の手稿などが一堂に会する展示室「ギャラリー・マザラン」は最大の見どころです。図書館の地上階にあり、誰でも無料で利用できる楕円形の閲覧室「Salle Ovale」も必見。天井から自然光の入る広々した空間に2万冊もの蔵書が並び、フランスの知と文化の蓄積を体感できます。

元は17世紀フランスの政治家、マザラン枢機卿の邸宅だった建物。

Data

- 📍 5 rue Vivienne 75002
- Ⓜ Bourse③、
  Palais Royal Musée du Louvre①⑦
- 🕐 火 - 日 10:00-18:00 (火は -20:00)
- 🈵 月、1/1、復活祭翌日の月曜、5/1、
  聖霊降臨翌日の月曜、7/14、
  8/15、12/25
- 🈺 美術館10€、25歳以下無料、
  図書館閲覧室は無料

bnf.fr/fr/richelieu ／ @labnf

パリのパノラマを楽しめる穴場

Tour Saint Jacques

サン・ジャック塔［Map ② B-3］

パ
リ
市
庁
舎

パリのど真ん中にそびえる高さ62mのこの塔は、12世紀の教会の敷地に16世紀初めに建てられた鐘楼です。のちにパリ市が購入し、修復工事を経て2013年に一般公開がスタート。途中の階にある展示を見学しつつ合計300段の狭い螺旋階段を上ると、ついに塔のてっぺんへ。そこに広がるのは文字通り360度のパノラマです。建物や道路が近くに感じられる適度な高さで見るパリの景色もまた格別。ガイド付き見学のみで、10～17時の毎時ちょうどに見学開始。所要時間はおよそ50分、フランス語のみですが、とにかく塔の上からの景色が素晴らしいので、たとえ説明がわからなくても行く価値は大いにあります。オンライン事前予約（フランス語）、または塔のふもとにあるキオスクでもチケットを購入することができます。

塔の頂上はまさに屋根の上のような造りで、高いフェンスもないので高所恐怖症の人にはおすすめできないが、とにかく最高の景色。

Data

🏠 88 rue de Rivoli 75004

Ⓜ Châtelet ①④⑦⑪⑭

🕐 6月初め-11月中旬の金・土・日
　10:00-17:00の毎時ちょうど

🚫 11月-5月

💰 12€、10-17歳10€、
　9歳以下入場不可

boutique.toursaintjacques.fr

[Map16]

アール・ヌーヴォー建築巡り
Balade Art Nouveau

街並みそのものがアートなパリを満喫

フランスのアール・ヌーヴォーを代表する建築家エクトール・ギマールが手がけた数々の建物が、パリ16区の閑静な住宅街にあります。19世紀末から20世紀初頭に建てられた、植物や昆虫など自然のモチーフを柔らかな曲線で表現した優雅な装飾の建物が、現代のパリの街並みにもしっくりと馴染んでいることに、ただただ感動を覚えます。アール・ヌーヴォー建築巡りの出発点はメトロ9号線のジャスマン駅。内部の見学は残念ながらできませんが、外から眺めるだけでも十分楽しめます。

Ⓜ Jasmin⑨

/////////////////////////

突き出したり、へこんだり、さまざまな色や形が散りばめられたファサードは見ていて飽きない。

01 Castel Béranger
カステル・ベランジェ

1898年に完成したパリ初のアール・ヌーヴォー建築。鉄やレンガ、石などさまざまな素材を組み合わせ、独創的な鋳鉄細工で装飾したファサードは当初、批判を浴びたそうですが、うねるような曲線が美しい入口ドアをはじめ、現在ではアール・ヌーヴォーの象徴的な建物として有名です。

16区

🏠 14 rue Jean de la Fontaine 75016

階段や天窓など内部の装飾や調度品も美しく、
一般公開されていないのが残念。

02 Hôtel Mezzara

メザラ邸

窓やバルコニーの曲線や、美しい細工が施された
鉄柵など、いかにもギマールらしいファサードの
一軒家、メザラ邸は1910年完成。カステル・ベラン
ジェと比べると、より落ち着きのあるデザインで、
彼のスタイルの成熟を感じさせる代表作の一つです。

🏠 60 rue Jean de la Fontaine 75016

////////////////////////

03 Hôtel Guimard

ギマール邸

1909年に完成したギマール邸はその名のとおりギマール
の自宅兼オフィスで、同年に結婚した妻と1930年までこ
こで暮らしました。現在、フランス国内外の美術館に散ら
ばっているギマールがデザインした家具やオブジェが、こ
こで日常的に使われていたのかと思うとワクワクします。

🏠 122 avenue Mozart 75016

妻アデリーンはアメリカ人で、夫妻は
第二次世界大戦開戦直前にニューヨー
クへ移住。ギマールはそこで亡くなった。

ギマールが手がけた
その他のアール・ヌーヴォー建築

Immeuble Guimard
ギマール集合住宅
🏠 18 rue Henri Heine 75016

Immeuble Houyvet
ウイヴェ集合住宅
🏠 2 villa Flore 75016

Immeuble Trémois
トレモワ集合住宅
🏠 11 rue François Millet 75016

Ensemble immobilier Guimard
ギマールの集合住宅群
🏠 17-19-21 rue Jean de la Fontaine 75016

おしゃれパリジャンの日常を覗く

Balade autour du Canal Saint Martin

サン・マルタン運河周辺を歩く［Map⑩］

サン・マルタン運河

1825年に開通したサン・マルタン運河は、バスティーユ広場近くからラ・ヴィレット貯水池まで続く全長4.55kmの運河。並木に縁取られた河岸は気持ちの良い散歩道で、市民の憩いのスポットです。庶民的な雰囲気を残したレピュブリック広場から運河にかけてはショップやカフェ、レストランが多く、週末の午後がベストな散歩タイム。少しまわり道をすれば、人気古着屋さん(P.98)やおしゃれカフェ、おいしいパン屋さんなどに出会えます。運河に着いたらまずは橋から景色を見て、映画『アメリ』にも出てきた水門を眺め、ベンチでひと休み。北へ歩くと、アート系書店や地元っ子でにぎわうカフェやビストロが並びます。

バスティーユ広場近くの港からは運河クルーズもあり、運河沿いで思い思いに過ごすパリジャンを、船上から垣間見ることができる。

歩いてほしい、
おすすめの通り

Rue Beaurepaire
ボールペール通り

Rue Yves Toudic
イヴ・トゥディック通り

Rue de Marseille
マルセイユ通り

Rue de Lancry
ランクリー通り

Quai de Valmy
ヴァルミー河岸

Rue des Vinaigriers
ヴィネグリエ通り

╱**Data**╲
Ⓜ République③⑤⑧⑨⑪、
Jacques Bonsergent⑤

パリのおさんぽ 4

パリのマルシェ巡り
Marchés de Paris

暮らすように旅する醍醐味を味わう

屋内外合わせて80以上もの朝市が立つパリでは、毎日そこかしこで、新鮮な食材を求める人々でにぎわう活気あふれるマルシェの光景を目にします。食べたい分を量り売りしてくれるので、ホテルごはんを楽しんだり、キッチン付きアパルトマンで現地でしか手に入らない肉や魚、野菜を使って料理をするのも素敵な思い出になりますね。

////////////////////////

Marché Bastille

バスティーユ市場［Map 7 A-3］

バスティーユ広場から延びるリシャール・ルノワール大通りに100軒ほどの屋台が集う大きな朝市。生鮮食品のほか、ワインやスパイス、籐かごやレース、リネン類など、お土産探しにもおすすめ。

バスティーユ

🏠 Boulevard Richard Lenoir 75011
Ⓜ Bastille ①⑤⑧、Bréguet-sabin ⑤
🕐 木 7:00-13:30、日 7:00-14:30

////////////////////////

Marché Président Wilson

プレジダン・ウィルソン市場［Map 8］

シックな16区の日常を垣間見られるマルシェ。すぐそばにエッフェル塔をはじめ、ギメ美術館、パレ・ド・トーキョー、イヴ・サンローラン美術館があるので、観光する前に立ち寄るのがベスト。

シャンゼリゼ

🏠 Avenue du Président Wilson 75016
Ⓜ Iéna ⑨、Pont de l'Alma RER C 線
🕐 水 7:00-13:30、土 7:00-14:30

////////////////////////

Marché Monge

モンジュ市場［Map 6］

庶民的な雰囲気が魅力のパリ左岸の朝市。パンやチーズ、ハムのほか、手軽なランチにぴったりの多国籍料理もあります。小規模なのでマルシェ初体験の人でも安心して楽しめます。

カルチエ・ラタン

🏠 Place Monge 75005
Ⓜ Place Monge ⑦
🕐 水・金 7:00-13:30、日 7:00-14:30

セーヌ河岸とパリの橋
La Seine et ses Ponts

セーヌ川のほとりからパリを愛でる

パリの東西に横たわるセーヌ川は、今も昔もパリという都市に欠かせない存在。右岸と左岸を行き来するとき、時間が許せばメトロに乗らず、ぜひ橋を渡り、川べりを歩いてみてください。それぞれに歴史のある橋と、川の風景の美しさに感動を覚えます。ここでは、川の流れに沿って東から西へ、おすすめの橋や散歩コースを紹介します。

シテ島の西端を横切って左岸と右岸をつなぐポン・ヌフ。

Pont de la Tournelle – Pont Neuf – Pont des Arts
トゥルネル橋 ― ポン・ヌフ ― 芸術橋 [Map⑤]

サン・ルイ島の街並み、ノートル・ダム大聖堂(P.56)やサント・シャペル(P.54)の尖塔などシテ島のモニュメントを眺められる散歩コース。現存するパリ最古の橋、ポン・ヌフと、歩行者専用の芸術橋は橋自体の美しさにも注目。川を見下ろす歩道には名物のブキニスト(古本の露天商)が並び、階段を降りればセーヌ川のすぐそばを歩けます。

セーヌ川越しに眺めるパリの街並みはまた格別。

街灯がともりライトアップされた夜の
アレクサンドル3世橋は昔にタイムス
リップしたようで幻想的。

Pont Alexandre III

アレクサンドル3世橋[Map⑧]

シャンゼリゼ

四隅の柱の上に輝く黄金の像や華麗な街灯など、
パリで最も装飾が華やかな橋といえばここ。1900
年パリ万博のために造られました。右岸には同時
期に建設されたグラン・パレとプチ・パレ、左岸に
はアンヴァリッドと、豪華なモニュメントが集まっ
ています。

//////////////////////////

Pont d'Iéna – Pont Bir Hakeim

イエナ橋 ─ ビル・アケム橋[Map⑨]

エッフェル塔

エッフェル塔とトロカデロ公園を結ぶイエナ橋は、
エッフェル塔を真正面から眺められる場所。塔の
全体像を見ると、その大きさを改めて実感。その次
の橋は2階建てのビル・アケム。上はメトロ6号線
が通り、下は歩行者と自動車用で、ここからも素晴
らしいエッフェル塔の眺めを楽しめます。

繊細な装飾とエッフェル塔
の眺めが美しいビル・アケム
橋は映画のロケやウェディ
ングフォト撮影に使われる
人気スポット。

奇跡を呼ぶパリのメダルをお守りに

Chapelle Notre Dame de la Médaille Miraculeuse

不思議のメダイの聖母の聖堂 [Map③ A-2]

サンジェルマン・デプレ

Data

🏛 140 rue du Bac 75007

Ⓜ Sèvres Babylone⑩⑫

🕐 毎日 7:45-13:00/14:30-19:00
　　（火は昼休みなし）

🚫 無休

chapellenotredamedelamedaillemiraculeu
se.com

ラ・グランド・エピスリー・ドゥ・パリ（P.29）のすぐそばにある小さな入口。その奥には、毎日、世界中から多くの人々が足を運ぶ美しいチャペルがあります。修道女カトリーヌがマリア様から受けたお告げがきっかけで生まれた「不思議のメダイ」は、1832年にパリの2万人以上の命を奪ったコレラをおさめたとして、奇跡を起こすメダルと崇められるようになりました。表にマリア像、裏に十字架とMの文字、心臓を星が囲うメダルは各種あり1€〜購入できます。

教会内では参拝者の邪魔にならないよう
静かに見学。シャッター音にも気をつけて。

////////////////////////

Data

🏛 Jardin du Luxembourg 75006

Ⓜ Mabillon⑩、Saint Sulpice④、
　Rennes⑫

🕐 毎日 夏季 7:30-21:30、冬季 8:15-16:30

🚫 無休

パリのど真ん中のオアシス

Jardin du Luxembourg

リュクサンブール公園 [Map③ C-3]

サンジェルマン・デプレ

現在フランス元老院の議事堂として使われているリュクサンブール宮殿の庭園として1612年に造られた、四季折々の花が咲き乱れる美しい公園。ゆっくり散歩すれば、自由の女神の原像をはじめたくさんの彫像や人形劇場、養蜂場、果樹園など思いがけないものにも出会えます。宮殿前の池でおもちゃの船を浮かべて遊ぶ子供たちや、芝生でピクニックをする学生たち、静かに読書にふける人など、リラックスしたパリジャンたちの顔が見られる場所です。

近くのパン屋さんでサンドイッチを調達して、
気軽にピクニックを楽しんで。

蚤の市で自分だけの宝物探し

Marché aux Puces de Saint-Ouen

サン・トゥアンの蚤の市［Map⑫］

サン・トゥアン（クリニャンクール）

クリニャンクールとも呼ばれるサン・トゥアンの蚤の市はパリ最大規模で、複数の通りにわたり、約3000もの店舗が並びます。点在する15のマルシェはそれぞれ特色があり、骨董ならBiron、可愛い雑貨ならVernaison、家具ならPaul Bert、古着ならMalikといった風に、ウェブサイトからマップをダウンロードして事前にお目当ての場所を調べておくと効率が良いでしょう。8月はバカンスで休みの店が多いということ、そしてスリには気をつけて！

Data

🚇 Porte de Clignancourt ④、Garibaldi ⑬
🕐 月 11:00-17:00、土日 10:00-18:00
　（店舗や季節によって異なる）
🚫 火-金
pucesdeparissaintouen.com

2階建ての屋内マルシェDauphineも必ず立ち寄ってほしい場所。

//////////////////////////

Data

🏠 Place Saint Sulpice 75006
🚇 Saint Sulpice ④
🕐 毎日 8:00-19:45
🚫 無休
🎫 無料
paroissesaintsulpice.paris
@paroissesaintsulpice

美術館のように芸術を堪能できる教会

Eglise Saint Sulpice

サン・シュルピス教会［Map ③ C-2］

サンジェルマン・デプレ

17〜19世紀に建設された、左右の塔が特徴的な教会で、美しい噴水のある広場にそびえています。サンジェルマン地区に来たら一度は前を通るのに、意外と素通りしがちな建物ではありますが、ぜひゆっくりと見学してみてほしい場所。内部にはドラクロワのフレスコ画「天使とヤコブの闘い」をはじめ多くの絵画や18世紀の精巧な日時計「サン・シュルピスのグノモン」、7300本ものパイプを備えた巨大なパイプオルガンなど見どころがたくさんあります。

教会前の広々とした広場には高さ12mの大きな噴水がそびえている。

パリのパッサージュ巡り
Passages de Paris

パッサージュで懐かしいパリに出会う

ガラス天井が覆う通路に小さなお店が並ぶパッサージュは、古き良き時代のパリを偲ばせる屋内商店街。長い歳月を経た今もさびれることなく、毎日たくさんの人たちが行き交う姿を見ていると、パッサージュがパリジャンの日常になくてはならない存在であることを実感させられます。

//////////////////////////

昔ながらの個人商店が多く並び、ショーウインドウを眺めて歩くだけでもパリらしさを満喫できる。

Passage des Panoramas

パッサージュ・デ・パノラマ [Map① D-2]

1799年に誕生したパリ最古のパッサージュで、建設当初に客寄せのために作られた円形パノラマ（回転画）が名前の由来です。今も当時の雰囲気を残す活版印刷店や切手商、グルメなレストランが並び、活気にあふれています。

オペラ

🏠 11 boulevard Montmartre 75009
Ⓜ Grands Boulevards ⑧⑨、Richelieu Drouot ⑧⑨
🕐 毎日 6:00-24:00（通り抜けできる時間）

Passage du Grand-Cerf

パッサージュ・デュ・グラン・セール [Map 1 E-3]

映画『地下鉄のザジ』で、ザジが元気に駆け抜けたことでも知られるパッサージュ。アーチ型のガラス天井から自然光が降り注ぐ通路には、手芸店やクリエイターショップなど多くの店が連なりとてもにぎやか。

ルーヴル

🏠 145 rue Saint Denis 75002
Ⓜ Etienne Marcel ④
🕐 月-土 8:30-20:30（通り抜けできる時間）

ここにしかないおしゃれな雑貨店や地元パリジャンが通うレストランもある。

/////////////////////////

Passage Jouffroy

パッサージュ・ジュフロワ [Map 1 D-2]

1845年に、当時の最新技術を駆使して建設されたパッサージュ。大通りを挟んだ向かいにある「パッサージュ・デ・パノラマ」とあわせて訪ねてみましょう。古本屋やミニチュア人形の店など昔ながらの商店が多いです。

オペラ

🏠 0-12 boulevard Montmartre 75009
Ⓜ Grands Boulevards ⑧⑨、Richelieu Drouot ⑧⑨
🕐 毎日 7:00-21:30（通り抜けできる時間）

モンブランで知られる老舗サロン・ド・テ「ル・ヴァランタン」もおすすめ。

/////////////////////////

Galerie Véro-Dodat

ギャルリー・ヴェロ・ドダ [Map 1 D-4]

白黒タイルで飾られた通路が印象的なパッサージュで、比較的人通りが少ないのでインスタ映えする素敵な写真が撮れます。ルーヴル美術館やパレ・ロワイヤルのすぐ近くにあるので、観光のついでに立ち寄ってみて。

ルーヴル

🏠 19 rue Jean Jacques Rousseau 75001
Ⓜ Louvre Rivoli ①、
　 Palais Royal Musée du Louvre ①⑦
🕐 月-土 7:00-22:00（通り抜けできる時間）

パリで思い出に残る手作り体験

Klein d'Oeil

クラン・ドイユ [Map10]

ここ数年、おしゃれなアドレスが増え続けるゴンクール界隈の中心的存在として愛される「クラン・ドイユ」。才能あるクリエイターたちを応援したいという思いから、ヴィルジニー、エミリー、エレーヌ、ロールの4人の女性たちが2016年にオープンした雑貨のセレクトショップです。金・土曜には、さまざまなクリエイターのDIYレッスンが行われ、服やアクセサリー、インテリア、文房具、フラワーアレンジメントなど、いろんなジャンルの手作りを楽しめるので、クラフト好きさんはトライしてみてはいかがでしょう？基本的にフランス語での説明になりますが、きっと素敵な思い出になるはず。すぐ隣には新しくオープンしたカフェもあるので、一日中のんびりと、まさにパリジェンヌのように過ごせます。

DIYレッスン

🈠🈯 サイト(仏語)の Les Ateliers ページで各コースの詳細を確認。
🈯 好きなコースをクリックして「INSCRIVEZ-VOUS !」のボタンを押し、買い物カートからカードで事前支払い。または、メール (faismoiun@klindoeil.com 英・仏語) で予約し、PayPal で事前支払い。
※基本的に材料や道具を持参する必要はありませんが、各コースの詳細を事前に確認しましょう。

Data

🏠 6 rue Deguerry 75011
Ⓜ Goncourt ⑪
🕐 火・土 11:00-19:00
🈡 日、月
klindoeil.com／@klindoeil

セーヌに浮かぶアーバンアートの船

Fluctuart

フリュクチュアール［Map11］

ちょっと意外かもしれませんが、パリは想像以上に、ステンシルやモザイクなどのストリートアートやグラフィティであふれています。公共空間に勝手に何かを描いたり貼ったりするのはもちろん違法ではありますが、そこは芸術に寛容な街だけに、アーバンアートの存在自体がパリのアイデンティティの一つとなっていると言えるでしょう。「フリュクチュアール」は、アンヴァリッド橋のたもとにある、セーヌ川に浮かぶガラス張りのギャラリー。代表的なアーティストから若手まで、さまざまな作品を通して、アーバンアートを肩肘張らずに楽しめます。センスの良いアート本や雑貨が見つかる書店や、バーも併設。暖かい季節にはルーフトップのテラスへ。セーヌ川の眺めがとにかく最高です。

バンクシーやシェパード・フェアリーなどの有名アーティストから注目の若手まで、幅広い作品がある。

Data

🏠 2 port du Gros Caillou 75007
Ⓜ Invalides ⑧⑬
🕐 毎日 12:00-24:00（冬季 水-日）
🈺 無休（冬季 月-火）
🈯 無料
fluctuart.fr ／ @fluctuart

きっと深く思い出に残る映画体験

Le Champo

ル・シャンボ［Map⑥］

カルチエ・ラタン

気の向くまま、街角の映画館にふらりと立ち寄って古い映画を観る…なんて、まるでパリに暮らしているような、贅沢な時間の過ごし方ではないでしょうか。パリには大小さまざまな映画館がありますが、せっかくなら、古くから地元のパリジャンたちに愛されている老舗に足を運んでみましょう。学生街として知られるカルチエ・ラタンにある「ル・シャンボ」は、フランス語で「アール・エ・エッセイ映画館」と呼ばれるいわゆる独立系ミニシアターにあたり、かつての名作の数々を厳選して上映する名画座です。夜になるとLE CHAMPOの文字がネオンで輝くファサードと、真紅の座席が並ぶ2つのシアターは、1938年の開館当時と変わらず保存されており、歴史的建造物にも指定されています。

白黒のスチール写真と映画館オリジナルの特集上映のポスターが貼られた壁面。シネコンの台頭で今やすっかり珍しい風景となった。

⌐Data¬

🏠 51 rue des Ecoles 75005

Ⓜ Cluny La Sorbonne⑩

🕐 毎日

🚫 無休

💰 10€、25歳以下6.50€、
　 シニア割引(平日のみ)7.50€

cinema-lechampo.com

@cinema_lechampo

パリで作る自分だけのブーケ

L'Atelier Floral par Les Intimes

レ・ザンティームのアトリエ・フローラル [Map④ B-3]

モンマルトル

有名レストランやブティックのフラワーアレンジメントを手がけるなど、パリで活躍中のフローリスト、鴻上千明さん。野に咲く花々が放つ自然な美しさを生かしつつも、パリの美術学校で学んだ現代アートのエスプリを込めた彼女ならではのアレンジは、審美眼鋭いフランス人にも高く評価されています。2020年にはモンマルトルのホテル HOY（P.138）地上階に自らのお花屋さんをオープン。このお店では、千明さんのアドバイスを聞きながら、季節のお花を使ってブーケを作り、持ち帰れるアトリエが開催されています。お花のいい香りに包まれる1時間は、忘れられないパリの思い出になりそうです。

お花のアトリエ

季節のお花のブーケ作り
🗓 毎月第3・4金
　15:00-16:00、
　土 11:00-12:00、
　日 15:00-16:00
🪙 1時間65€
📩 日本語でインスタのDM
　またはメール
　(info@les-intimes.com)
※手ぶらで参加OK。

ホテルHOYの入口に並ぶ、四季折々のお花たちの優しい色合いに惹かれて道行く人々が立ち止まる。素敵なドライフラワーもたくさん。

Data

🏠 68 rue des Martyrs 75009
　（ホテルHOY地上階）
Ⓜ Pigalle ②⑫
les-intimes.com ／ @lesintimes

自分だけのルージュをパリで作る

Bâton Rouge

バトン・ルージュ [Map② D-3]

マレ

たったの30分で自分好みの口紅が作れると、毎日たくさんのパリジェンヌでにぎわう「バトン・ルージュ」。マスク着用の習慣で口紅を買う人が減ったと言われていたコロナ禍真っ只中の2021年にオープンしたにもかかわらず、オリジナルなコンセプトと自然派でエコフレンドリーな姿勢が支持されて、今やマレ地区の人気スポットになりました。担当するメイクアップアーティストと相談しながら、色、マットやサテン等の質感、グロスなどのテクスチャを選び、無香料または5種類の天然香料から好きな香りも決めていきます。スタッフは英語OKですが、写真やお気に入りのルージュを持参して、イメージする色を伝える方法もおすすめです。パリ旅行の記念に、世界に1本だけの自分色のルージュ作りにチャレンジしましょう。

オリジナル・ルージュ作り

🔃 ウェブサイトのメニューバーにある「PRENDRE RDV」をクリック、そのページにある「PRENDRE RDV」のボタンをクリックすると予約サイトが開く。カレンダー上で希望の日時を選び、名前、メール、電話番号を入力、クーポンの有無を選んで「Confirmer l'événement」のボタンを押してコンファーム。友人と一緒に行く場合は、1人ずつ予約手続きをし、連続する時間帯を選ぶこと。支払いは当日お店にて。

/ **Data** |

🏠 50 rue des Francs Bourgeois 75003
Ⓜ Hôtel de Ville ①⑪、Saint Paul ①
🕐 毎日 11:00-19:00
🈺 無休
🎫 1人30分50€
batonrougeparis.com
@batonrougeparis

セーヌ川に浮かぶプールで泳ぐ贅沢

Piscine Joséphine-Baker
ジョセフィーヌ・ベーカー市民プール[Map⑮]

Data
- 🏠 Quai François Mauriac 75013
- Ⓜ Quai de la Gare⑥
- 🕐 月-金 7:00-12:00/13:00-22:00、土・日 11:00-19:00
- 🚫 無休
- 💰 3.5€、10回券28€

piscine-baker.fr
@piscinejosephinebaker

13区

水泳が好きで、長めに滞在するならぜひパリのプールへ！　市内に40ほどの市民プールがあり料金も安いので気軽に利用できます。なかでも、2006年にオープンしたセーヌ川に浮かぶこのプールは、わざわざ足を運ぶ価値あり。全面ガラス張りで、セーヌ川とパリの街並みを眺めながら泳ぐという唯一無二の体験ができます。夏にはガラスのルーフが開いてオープンエアに。デッキチェアも並んで、パリにいながらにしてバカンス気分を味わえますよ。

ガラスルーフが開いたかどうかはインスタグラムで確認可能。スイムキャップ必須。

//////////////////////////

Data
- 🏠 224 rue de Rivoli 75001
- Ⓜ Tuileries①、Concorde①⑧⑫
- 🕐 月-土 10:00-19:00
- 🚫 日

galignani.fr / @librairiegalignani

パリで220年以上愛される書店

Galignani
ガリニャニ[Map① B-3]

ルーヴル

1520年からヴェネツィアで書物の出版を手がけていたガリニャニ家。その子孫のジョヴァンニ＝アントニオがパリに英語書籍を主軸にした書店をオープンしたのは1801年のこと。それから220年以上が経った今も現役の書店として愛されています。豊富な英語書籍に加え、センス良くセレクトされたフランス語およびアート系書籍が、1930年代からそのままだという木の書棚にずらり。ゆっくりと本選びを楽しみたいエレガントな本屋さんです。

ガラスの天窓から明るい光の入る気持ちのいい空間で本を選ぶ、とっておきの時間を。

© Sophia van den Hoek

ホテル以上の体験ができる進化系ホテル

HOY Paris

オイ・パリ［Map 4 B-3］

野菜のおいしさを新提案するホテル内のベジタリアンレストラン「MESA」は、宿泊客はもちろん、地元パリジャンたちも通う人気店。

モンマルトル

心と体の癒しをコンセプトに掲げるホテルが世界的に増えていますが、パリも例外ではありません。スペイン語で「今日」を意味する「オイ・パリ」は、そんな時代の潮流をいち早く読みとったパリのウェルビーイング・ホテルの先駆者的存在。ヨガのレッスンを中心に、メディテーション、ホリスティックマッサージ、フラワーアレンジメント（P.134）、併設レストランでのヴィーガンディナーなど、さまざまなアクティビティをホテル内で楽しめます。ホテルのあるマルティール通りは、この界隈随一のグルメ通りとして知られ、バゲット大賞を獲得したパン屋さんや人気パティシエのお店、パリらしいカフェやレストランなど、グルメなお店が軒を連ね、地元に暮らしている感覚で滞在できます。

Data

🏠 68 rue des Martyrs 75009
Ⓜ Pigalle ②⑫
🍴 ダブル195€～、朝食19€
hoyparis.com ／ @hoyparis

139

アパルトマンで暮らすように旅する
Vivez votre séjour dans un appartement parisien.

パリジャンたちの日常を覗けるアパルトマンでの滞在は、ホテルでは味わえない体験や知らなかったパリの横顔を見ることができ、「暮らすように旅する」醍醐味があります。キッチンを自由に使えるので、「今晩これを料理して食べよう」と考えながらスーパーやマルシェでお買い物する楽しさも何倍にもふくらみますね。日系の短期賃貸サービスなら、予約から現地チェックイン＆アウトまで日本語で対応してもらえるのでやはり安心。予約から入居までの手順や料金設定の詳細、キャンセル条件、注意事項などは各社のサイトに詳しく書かれているのでしっかり確認しましょう。

ホームページで好みのアパルトマンを探すときから、パリの旅はもう始まっている。

Paris Seikatsusha
パリ生活社

1993年創業、30年の歴史を持つパリの短期アパルトマン賃貸会社。中心部の1区から住宅街の17区までパリのさまざまな地区で現在合計17軒を取り扱っています。部屋の広さも11㎡〜70㎡、定員1〜5名と幅広く、ニーズに合わせて選べます。

🅿 1人1泊8000円〜（3泊から）宿泊税込
paris-seikatsu.com／@paris_seikatsusha

●現地日本人スタッフによる対応
●料金は円建て、予約は3泊以上から
●全額前払いで、クレジットカード・銀行振込のいずれか
●生活に必要な物は基本的に整っているが、アパルトマンにより異なるのでサイトで事前に確認すること
●インターネット（Wi-Fi）無料

ウェブサイトで各アパルトマンの空室状況がひと目でわかるのが便利。3泊は1ヶ月前、4泊は2ヶ月前から予約可能。

/////////////////////////

Paris Chez Moi
パリシェモア

愛知県に本社を置くパリの短期アパルトマン賃貸会社で、ルーヴルやオペラなどの中心部からよりリーズナブルな15区まで、予算に合わせたアパルトマン選びができます。パリ滞在についてさまざまな相談ができるコンシェルジュサービスや空港送迎サービスも。

🅿 1人1泊64€〜（3泊から）宿泊税込
parischezmoi.com／@paris_chez_moi

●現地日本人スタッフによる対応
●料金表はユーロ建て表示（支払い時に日本円換算が可能）、予約は3泊以上から
●全額前払いで、銀行振込・PayPalのいずれか
●生活に必要な物は基本的に整っているが、アパルトマンにより異なるのでサイトで事前に確認すること
●インターネット（Wi-Fi）無料
●リピーター特典あり

空港送迎や荷物預かり、アパルトマン周辺案内サービスなどもある。3〜6泊までは3ヶ月前から予約可能。

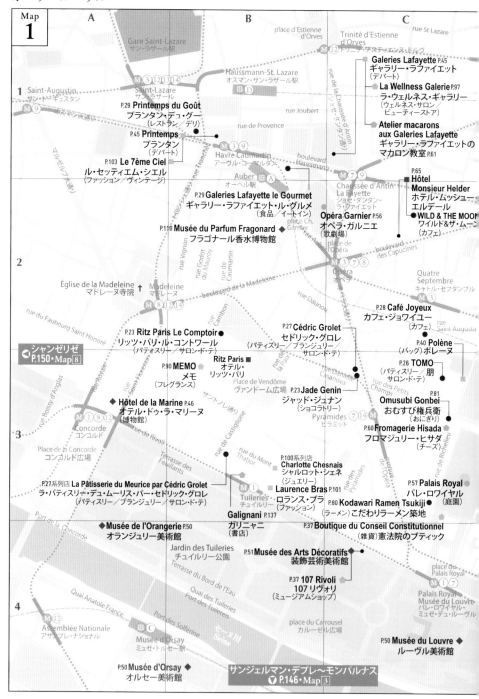

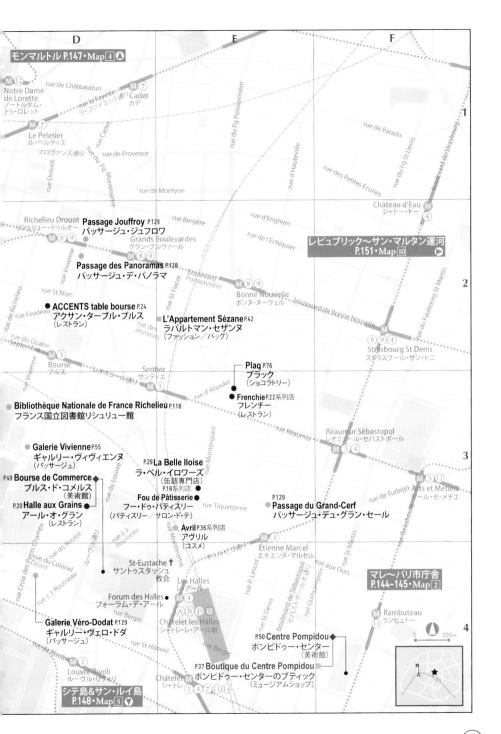

D   E   F

モンマルトル P.147・Map 4

Ⓜ⑫
Notre Dame
de Lorette
ノートルダム・
ドゥ・ロレット

rue de Châteaudun

Ⓜ⑦
Cadet
カデ

rue la Fayette通り
ラ・ファイエット通り

Le Peletier
ル・ペルティエ
プロヴァンス通り

rue de Cadet

rue de Provence

rue du Fg Poissonnière

rue de Paradis

rue du Fg St Denis

boulevard de Strasbourg

rue de Montyon

rue Drouot

rue du Fg Montmartre

Château d'Eau
シャトー・ドー

Ⓜ④

Richelieu Drouot
リシュリュー・ドゥルオー

Passage Jouffroy P.129
パッサージュ・ジュフロワ

rue Bergère

rue d'Enghien

rue de l'Echiquier

レピュブリック〜サン・マルタン運河
P.151・Map 10 ▷

Ⓜ⑧⑨
Grands Boulevardes
グラン・ブルヴァール

Passage des Panoramas P.128
パッサージュ・デ・パノラマ

Ⓜ⑧⑨

rue Vivienne

rue St Marc

boulevard
Poissonnière

Ⓜ⑧⑨
Bonne Nouvelle
ボンヌ・ヌーヴェル

boulevard de Bonne Nouvelle

rue du Faubourg St Martin

2

● **ACCENTS table bourse** P.24
アクサン・ターブル・ブルス
（レストラン）

rue de Richelieu

rue Feydeau

rue du Quatre
Septembre

L'Appartement Sézane P.42
ラパルトマン・セザンヌ
（ファッション／バッグ）

rue des
Jeuneurs

rue du Sentier

Ⓜ
⑧⑨④
Strasbourg St Denis
ストラスブール・サン・トニ

Ⓜ③
Bourse
ブルス

Sentier
サンティエ
Ⓜ③

rue d'Aboukir

Plaq P.76
プラック
（ショコラトリー）

3

● **Bibliothèque Nationale de France Richelieu** P.118
フランス国立図書館リシュリュー館

● **Frenchie** P.22系列店
フレンチー
（レストラン）

rue Réaumur

Réaumur Sébastopol
レオミュール・セバストポール

Ⓜ③④

● **Galerie Vivienne** P.55
ギャルリー・ヴィヴィエンヌ
（パッサージュ）

P.29 La Belle Iloise
ラ・ベル・イロワーズ
（缶詰専門店）

rue Montorgueil

rue de Turbigo

Arts et Métiers
アール・ゼ・メチエ

Ⓜ③⑪

P.49 **Bourse de Commerce** ◆
ブルス・ド・コメルス
（美術館）

Fou de Pâtisserie ●
フー・ドゥ・パティスリー
（パティスリー／サロン・ド・テ）

P.18系列店

P.129
● **Passage du Grand-Cerf**
パッサージュ・デュ・グラン・セール

P.20 **Halle aux Grains** ●
アール・オ・グラン
（レストラン）

rue Tiquetonne

rue du Louvre

rue J. J.
Rousseau

▲ **Avril** P.36系列店
アヴリル
（コスメ）

Ⓜ④

Étienne Marcel
エチエンヌ・マルセル

rue aux Ours

マレ〜パリ市庁舎
P.144〜145・Map 2

rue Croix des Petits Champs

rue du Colonel
Driant

rue J. J. Rousseau

● **St-Eustache** ✝
サントゥスタッシュ
教会

Les Halles
レ・アール

Ⓜ④

rue P. Lescot

boulevard de Sébastopol
セバストポール大通り

rue Quincampoix

Ⓜ⑪
Rambuteau
ランビュトー

4

Galerie Véro-Dodat P.129
ギャルリー・ヴェロ・ドダ
（パッサージュ）

Forum des Halles
フォーラム・デ・アール

rue Berger

Châtelet les Halles
シャトレ・レ・アール駅

ⒶⒷⒹ郊

rue St Denis

Ⓜ
Arts et Métiers

P.50 **Centre Pompidou** ◆
ポンピドゥー・センター
（美術館）

0   100m

rue de Rivoli

Louvre Rivoli
ルーヴル・リヴォリ

Ⓜ①

rue St Honoré

rue Berger

Châtelet
シャトレ
Ⓜ①④⑦⑪⑭

P.37 **Boutique du Centre Pompidou**
ポンピドゥー・センターのブティック
（ミュージアムショップ）

シテ島＆サン・ルイ島
P.148・Map 5 ▼

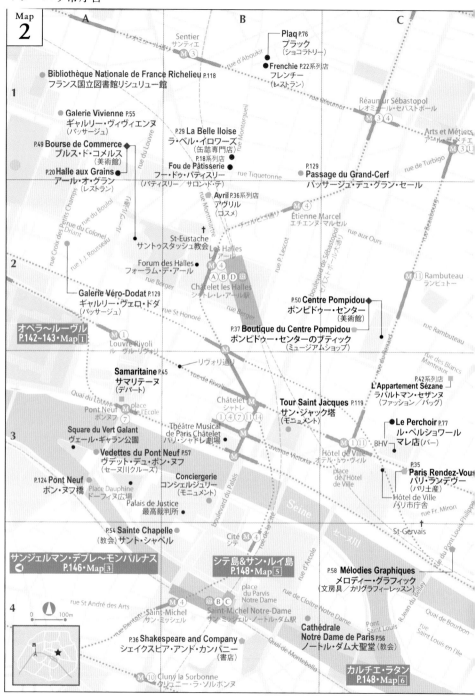

Map 2

A

C

Plaq P.76
プラック
（ショコラトリー）

Frenchie P.22系列店
フレンチー
（レストラン）

Bibliothèque Nationale de France Richelieu P.118
フランス国立図書館リシュリュー館

Réaumur Sébastopol
レオミュール・セバストポール

1

Galerie Vivienne P.55
ギャルリー・ヴィヴィエンヌ
（パッサージュ）

Arts et Métiers
アール・ゼ・メチエ

P.29 La Belle Iloise
ラ・ベル・イロワーズ
（缶詰専門店）

P.49 Bourse de Commerce
ブルス・ド・コメルス
（美術館）

Fou de Pâtisserie P.18系列店
フー・ドゥ・パティスリー
（パティスリー／サロン・ド・テ）

P.129
Passage du Grand-Cerf
パッサージュ・デュ・グラン・セール

P.20 Halle aux Grains
アール・オ・グラン
（レストラン）

Avril P.36系列店
アヴリル
（コスメ）

Étienne Marcel
エチエンヌ・マルセル

St-Eustache
サントゥスタッシュ教会

Forum des Halles
フォーラム・デ・アール

Les Halles
レ・アール

Châtelet les Halles
シャトレ・レ・アール駅

Rambuteau
ランビュトー

2

Galerie Véro-Dodat P.129
ギャルリー・ヴェロ・ドダ
（パッサージュ）

P.50 Centre Pompidou
ポンピドゥー・センター
（美術館）

オペラ～ルーヴル
P.142~143・Map 1

P.37 Boutique du Centre Pompidou
ポンピドゥー・センターのブティック
（ミュージアムショップ）

Louvre Rivoli
ルーヴル・リヴォリ

リヴォリ通り

Samaritaine P.45
サマリテーヌ
（デパート）

L'Appartement Sézane P.42系列店
ラパルトマン・セザンヌ
（ファッション／バッグ）

Châtelet
シャトレ

Tour Saint Jacques P.119
サン・ジャック塔
（モニュメント）

Quai du Louvre
Pont Neuf
ポン・ヌフ

place de l'École

Le Perchoir P.77
ル・ペルショワール
マレ店（バー）

Square du Vert Galant
ヴェール・ギャラン公園

BHV

P.35
Paris Rendez-Vous
パリ・ランデヴー
（パリ土産）

3

Théâtre Musical
de Paris Châtelet
パリ・シャトレ劇場

Hôtel de Ville
オテル・ドゥ・ヴィル

Vedettes du Pont Neuf P.57
ヴデット・デュ・ポン・ヌフ
（セーヌ川クルーズ）

place
de l'Hôtel
de Ville

Hôtel de Ville
パリ市庁舎

P.124 Pont Neuf
ポン・ヌフ橋

Conciergerie
コンシェルジュリー
（モニュメント）

Place Dauphine
ドーフィヌ広場

Palais de Justice
最高裁判所

rue Fr. Miron

St-Gervais

Sainte Chapelle P.54
（教会）サント・シャペル

Cité
シテ

サンジェルマン・デプレ～モンパルナス
P.146・Map 3

シテ島＆サン・ルイ島
P.148・Map 5

P.58 Mélodies Graphiques
メロディー・グラフィック
（文房具／カリグラフィーレッスン）

4

0 100m

rue St André des Arts

Saint-Michel
サン・ミッシェル

Saint-Michel Notre-Dame
サン・ミッシェル・ノートル・ダム駅

place
du Parvis
Notre Dame

Cathédrale
Notre Dame de Paris
ノートル・ダム大聖堂（教会）

P.36 Shakespeare and Company
シェイクスピア・アンド・カンパニー
（書店）

カルチエ・ラタン
P.148・Map 6

Cluny la Sorbonne
クリュニー・ラ・ソルボンヌ

●グルメ　◆ライフスタイル　■ショッピング　◆アート　●散策　●カルチャー　■ホテル

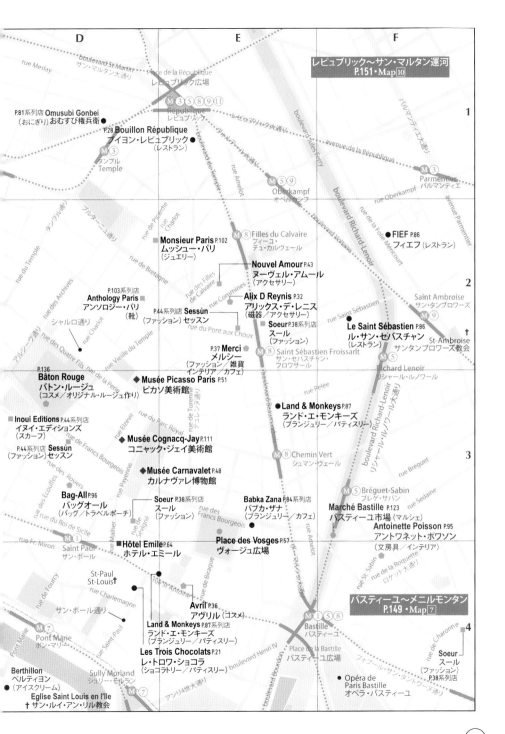

D　　　　　　　　**E**　　　　　　　　**F**

rue Meslay

boulevard St-Martin
サン・マルタン大通り

レピュブリック〜サン・マルタン運河
P.151・Map⑩

Place de la République
レピュブリック広場

Ⓜ③⑤⑧⑨⑪
République
レピュブリック

P.81系列店 **Omusubi Gonbei** ●
（おにぎり）おむすび権兵衛

avenue de la République

avenue Jules Ferry

P.28 **Bouillon République** ●
ブイヨン・レピュブリック
（レストラン）

Ⓜ③
Temple
タンプル

boulevard du Temple

rue Amelot

Ⓜ⑤⑨
Oberkampf
オベルカンフ

Ⓜ③
Parmentier
パルマンティエ

avenue Parmentier

rue du Temple

rue de Picardie

rue Charlot

rue de Bretagne

boulevard Richard-Lenoir

boulevard Voltaire

● **FIEF** P.86
フィエフ（レストラン）

Ⓜ⑧ Filles du Calvaire
フィーユ・
デュ・カルヴェール

■ **Monsieur Paris** P.102
ムッシュー・パリ
（ジュエリー）

P.103系列店
Anthology Paris ■
アンソロジー・パリ
（靴）

シャルロ通り

rue des Archives

rue Charlot

rue des Quatre Fils

ブルターニュ通り

rue de la Perle

rue Vieille du Temple

Nouvel Amour P.43
ヌーヴェル・アムール
（アクセサリー）

rue des Filles
de Calvaire

rue Commines

Alix D Reynis P.32
アリックス・デ・レニス
（磁器／アクセサリー）

P.44系列店 **Sessùn** ■
（ファッション）セッスン

rue du Pont aux Choux

Soeur P.38系列店
スール
（ファッション）

boulevard Richard-Lenoir

Saint Ambroise
サンタンブロワーズ

rue Saint Sébastien

Le Saint Sébastien P.86
ル・サン・セバスチャン
（レストラン）

St-Ambroise
サンタンブロワーズ教会 †

P.136
Bâton Rouge
バトン・ルージュ
（コスメ／オリジナル・ルージュ作り）

P.37 **Merci**
メルシー
（ファッション／雑貨
インテリア／カフェ）

◆ **Musée Picasso Paris** P.51
ピカソ美術館

rue de Turenne

rue du Parc Royal

rue Elzevir

Ⓜ⑧ Saint Sébastien Froissart
サン・セバスチャン・
フロワサール

rue Pelée

Ⓜ⑤
Richard Lenoir
リシャール・ルノワール

boulevard Beaumarchais

● **Land & Monkeys** P.87
ランド・エ・モンキーズ
（ブランジュリー／パティスリー）

リシャール・ルノワール／ヴォルテール通り

■ **Inoui Editions** P.44系列店
イヌイ・エディションズ
（スカーフ）

P.44系列店 **Sessùn**
（ファッション）セッスン

rue de Francs Bourgeois

◆ **Musée Cognacq-Jay** P.111
コニャック・ジェイ美術館

Ⓜ⑧ Chemin Vert
シュマン・ヴェール

Ⓜ⑤ Bréguet-Sabin
ブレゲ・サバン

rue Sedaine

rue Bréguet

◆ **Musée Carnavalet** P.48
カルナヴァレ博物館

■ **Bag-All** P.96
バッグオール
（バッグ／トラベルポーチ）

rue des Ecouffes

rue des Rosiers

rue Payenne

rue du Roi de Sicile

Ⓜ①
Saint Paul
サン・ポール

rue Malher

rue de Sévigné

Soeur P.38系列店
スール
（ファッション）

rue des
Francs Bourgeois

Babka Zana P.84系列店
ババカ・ザナ
（ブランジュリー／カフェ）

Marché Bastille P.123
バスティーユ市場（マルシェ）

Antoinette Poisson P.95
アントワネット・ポワソン
（文房具／インテリア）

rue St-Sabin

rue de la Roquette
ロケット通り

■ **Hôtel Emile** P.64
ホテル・エミール

Place des Vosges P.57
ヴォージュ広場

rue Amelot

rue Fr. Miron

St-Paul
St-Louis †

rue de Birague

rue St-Antoine

Avril P.36
アヴリル（コスメ）

Bastille
バスティーユ

Ⓜ①⑤⑧

サン・ポール通り

rue Charlemagne

Land & Monkeys P.87系列店
ランド・エ・モンキーズ
（ブランジュリー／パティスリー）

Les Trois Chocolats P.21
レ・トロワ・ショコラ
（ショコラトリー／パティスリー）

boulevard Henri IV

Place de la Bastille
バスティーユ広場

バスティーユ〜メニルモンタン
P.149・Map⑦

rue de Charonne

Soeur
スール
（ファッション）
P.38系列店

Ⓜ⑦
Pont Marie
ポン・マリー

Berthillon
ベルティヨン
●（アイスクリーム）

Eglise Saint Louis en l'Ile
† サン・ルイ・アン・リル教会

Sully Morland
シュリー・モルラン

rue Morland

Ⓜ⑦

boulevard Bourdon

● **Opéra de
Paris Bastille**
オペラ・バスティーユ

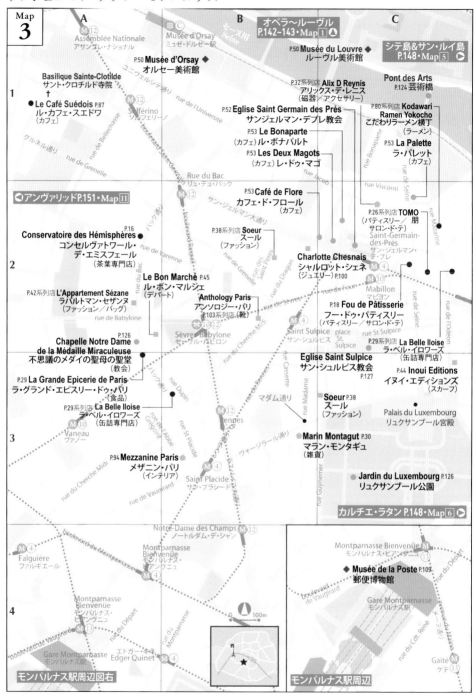

●グルメ　●ライフスタイル　■ショッピング　◆アート　●散策　●カルチャー　■ホテル

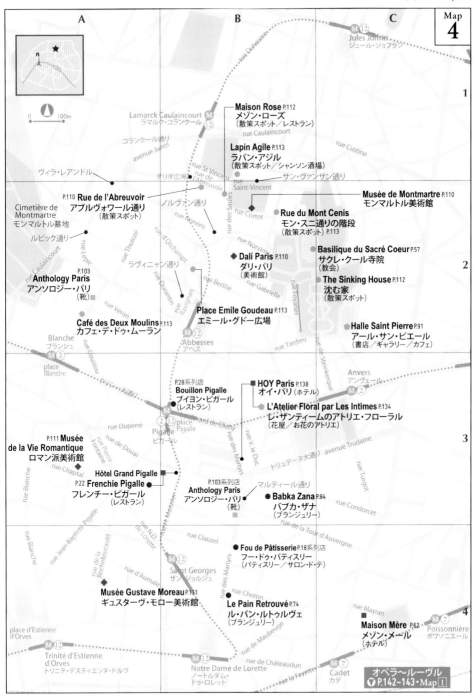

A　B　C

Map
4

1

0　100m

Maison Rose P.112
メゾン・ローズ
（散策スポット／レストラン）

Lapin Agile P.113
ラパン・アジル
（散策スポット／シャンソン酒場）

M⑫ Jules Joffrin
ジュール・ジョフラン

Lamarck Caulaincourt
ラマルク・コランクール

コランクール通り

avenue Junot

rue Caulaincourt

rue Custine

ヴィラ・レアンドル

rue St Vincent

ダリダ広場

rue de l'Abreuvoir

rue Saint-Vincent

サン・ヴァンサン通り

P.110 **Rue de l'Abreuvoir**
アブルヴォワール通り
（散策スポット）

Musée de Montmartre P.110
モンマルトル美術館

Cimetière de
Montmartre
モンマルトル墓地

ノルヴァン通り

rue des Saules

rue Cortot

Rue du Mont Cenis
モン・スニ通りの階段
（散策スポット）P.113

ルピック通り

rue Norvins

Basilique du Sacré Coeur P.57
サクレ・クール寺院
（教会）

rue Caulaincourt

rue Lepic

rue d'Orchampt

ラヴィニャン通り

Dalí Paris P.110
ダリ・パリ
（美術館）

2

P.103
Anthology Paris
アンソロジー・パリ
（靴）

rue Tholoze

rue Durantin

rue Berthe

rue Gabrielle

rue Foyatier

The Sinking House P.112
沈む家
（散策スポット）

rue Veron

rue Ravignan

Place Emile Goudeau P.113
エミール・グドー広場

Café des Deux Moulins P.113
カフェ・デ・ドゥ・ムーラン

M⑫
Abbesses
アベス

rue Tardieu

rue de Steinkerque

Halle Saint Pierre P.91
アール・サン・ピエール
（書店／ギャラリー／カフェ）

Blanche
ブランシュ

M② place
Blanche

boulevard de Clichy

P.28系列店
Bouillon Pigalle
ブイヨン・ピガール
（レストラン）

HOY Paris P.138
オイ・パリ（ホテル）

L'Atelier Floral par Les Intimes P.134
レ・ザンティームのアトリエ・フローラル
（花屋／お花のアトリエ）

Anvers
アンヴェール
M②

rue Duperré

boulevard de Clichy

②⑫
Pigalle
ピガール

avenue Trudaine

rue des Martyrs

rue V le Duc

トリュデーヌ大通り

rue Turgot

3

P.111 **Musée
de la Vie Romantique**
ロマン派美術館

rue Pierre Fontaine

rue de Douai

rue Chaptal

Hôtel Grand Pigalle

P.22 **Frenchie Pigalle**
フレンチー・ピガール
（レストラン）

P.103系列店
Anthology Paris
アンソロジー・パリ
（靴）

マルティール通り

Babka Zana P.84
バブカ・ザナ
（ブランジュリー）

rue Condorcet

rue Blanche

rue Jean-Baptiste Pigalle

rue de la Rochefoucauld

rue N.D. de Lorette

rue Clauzel

rue des Martyrs

rue de la Tour d'Auvergne

Fou de Pâtisserie P.18系列店
フー・ドゥ・パティスリー
（パティスリー／サロン・ド・テ）

rue d'Aumale

Saint Georges
サン・ジョルジュ
M⑫

rue Choron

rue Mayran

Musée Gustave Moreau P.111
ギュスターヴ・モロー美術館

Le Pain Retrouvé P.74
ル・パン・ルトゥルヴェ
（ブランジュリー）

Maison Mère P.62
メゾン・メール
（ホテル）

Poissonnière
ポワソニエール
M⑦

4

place d'Estienne
d'Orves

M⑫

Trinité d'Estienne
d'Orves
トリニテ・デスティエンヌ・ドルヴ

rue de Maubeuge

rue de Châteaudun

Notre Dame de Lorette
ノートルダム・ドゥ・ロレット

M⑫

Cadet
カデ
M⑦

rue la Fayette

オペラ〜ルーヴル
P.142〜143・Map 1

シテ島＆サン・ルイ島

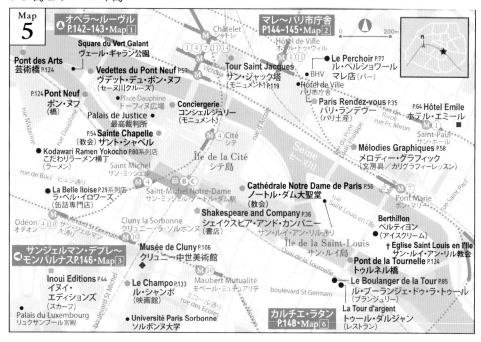

カルチエ・ラタン

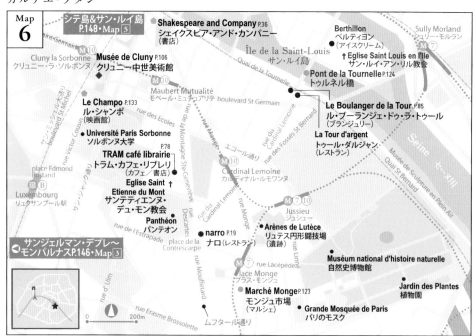

●グルメ　🏠ライフスタイル　■ショッピング　◆アート　●散策　🏛カルチャー　■ホテル

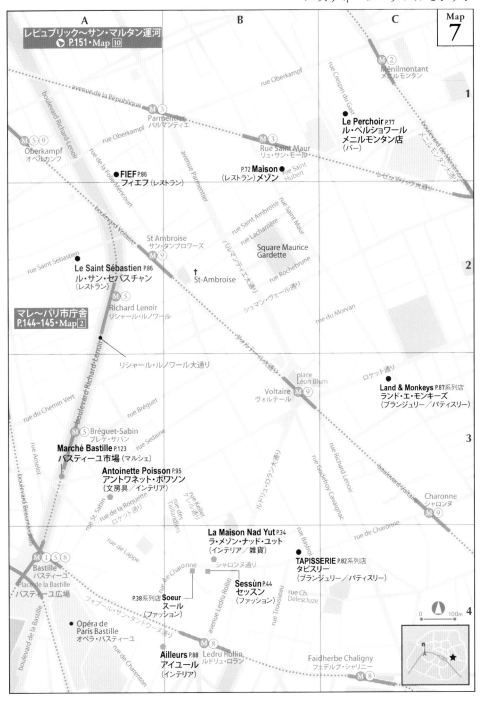

Map
7

A

B

C

レピュブリック～サン・マルタン運河
P.151・Map 10

1

rue Oberkampf

rue Crespin du Gast

Ménilmontant
メニルモンタン

● Le Perchoir P.77
ル・ペルショワール
メニルモンタン店
（バー）

avenue de la République

Parmentier
パルマンティエ

rue Oberkampf

Rue Saint Maur
リュ・サン・モール

Oberkampf
オベルカンフ

boulevard Richard Lenoir

● FIEF P.86
フィエフ（レストラン）

avenue Parmentier

P.72 Maison ●
（レストラン）メゾン

rue Saint Hubert

boulevard de Ménilmontant
メニルモンタン大通り

2

rue de la Folie Méricourt

boulevard Voltaire

St Ambroise
サン・タンブロワーズ

rue Saint Ambroise

rue Lacharrière

rue Saint Maur

Square Maurice
Gardette

Le Saint Sébastien P.86
ル・サン・セバスチャン
（レストラン）

rue Saint Sébastien

† St-Ambroise

rue Rochebrune

rue du Morvan

Richard Lenoir
リシャール・ルノワール

マレ～パリ市庁舎
P.144~145・Map 2

boulevard Richard-Lenoir

リシャール・ルノワール大通り

place
Léon Blum

ロケット通り

Land & Monkeys P.87系列店
ランド・エ・モンキーズ
（ブランジュリー／パティスリー）

3

rue du Chemin Vert

rue Bréguet

rue Bréguet

Voltaire
ウォルテール

rue Richard Lenoir

boulevard Voltaire

Charonne
シャロンヌ

rue Sedaine

Bréguet-Sabin
ブレゲ・サバン

Marché Bastille P.123
バスティーユ市場（マルシェ）

rue Amelot

Antoinette Poisson P.95
アントワネット・ポワソン
（文房具／インテリア）

rue des Taillandiers

rue Keller
ケレール通り

rue Godefroy Cavaignac

La Maison Nad Yut P.34
ラ・メゾン・ナッド・ユット
（インテリア／雑貨）

rue de la Roquette
ロケット通り

rue de Charonne

TAPISSERIE P.82系列店
タピスリー
（ブランジュリー／パティスリー）

boulevard Beaumarchais

rue St. Sabin

rue de Lappe

rue de Charonne

シャロンヌ通り

Sessùn P.44
セッスン
（ファッション）

rue Basfroi

4

Bastille
バスティーユ
Place de la Bastille
バスティーユ広場

boulevard de la Bastille

P.38系列店 Soeur
スール
（ファッション）

フォブール・サンタントワーヌ通り

avenue Ledru Rollin

rue Trousseau

rue Ch.
Delescluze

● Opéra de
Paris Bastille
オペラ・バスティーユ

rue de Chatenton

Ailleurs P.88
アイユール
（インテリア）

Ledru Rollin
ルドリュ・ロラン

Faidherbe Chaligny
フェデルブ・シャリニー

0 100m

シャンゼリゼ

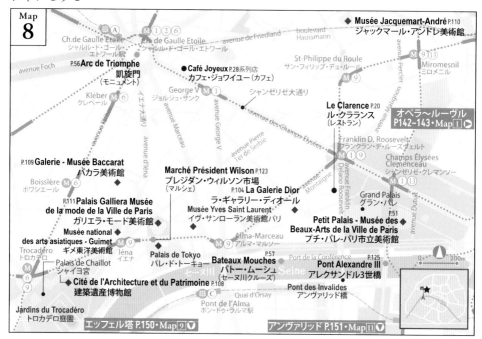

エッフェル塔

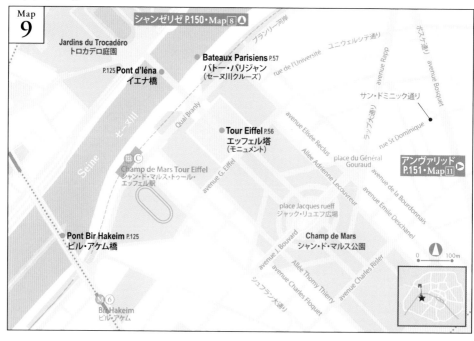

●グルメ 　●ライフスタイル 　■ショッピング 　◆アート 　●散策 　●カルチャー 　■ホテル

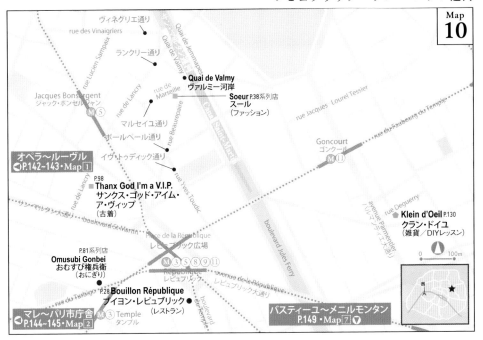

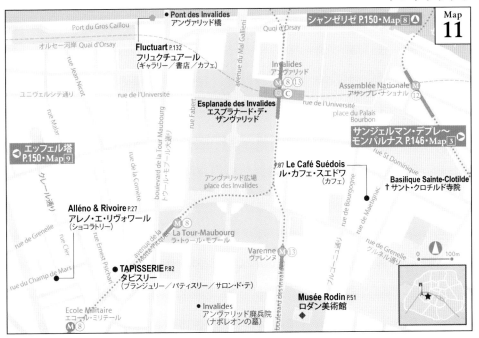

サン・トゥアン（クリニャンクール）

Map 12

Garibaldi
ガリバルディ

rue des Rosiers

avenue Gabriel Péri

rue Charles Schmidt

avenue Michelet

Marché aux Puces de Saint-Ouen P.127
サン・トゥアンの蚤の市

boulevard Périphérique

200m

boulevard des Maréchaux

Porte de Clignancourt
ポルト・ドゥ・クリニャンクール

ブローニュの森

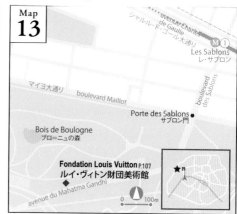

Map 13

avenue Charles de Gaulle
シャルル・ド・ゴール大通り

Les Sablons
レ・サブロン

マイヨ大通り boulevard Maillot

boulevard des Sablons

Porte des Sablons
サブロン門

Bois de Boulogne
ブローニュの森

Fondation Louis Vuitton P.107
ルイ・ヴィトン財団美術館

avenue du Mahatma Gandhi

100m

ブローニュの森2

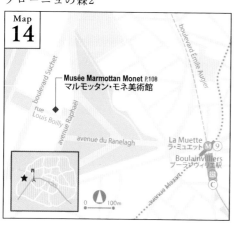

Map 14

boulevard Émile Augier

boulevard Suchet

rue Louis Boilly

avenue Raphaël

Musée Marmottan Monet P.108
マルモッタン・モネ美術館

avenue du Ranelagh

La Muette
ラ・ミュエット

Boulainvilliers
ブーランヴィリエ駅

avenue Mozart

100m

13区

Map 15

カルチエ・ラタン
P.148・Map 6

boulevard de Bercy

Quai de Bercy

Pont de Bercy

Quai de la Gare
ケ・ドゥ・ラ・ギャル

Quai de la Gare

Seine セーヌ川

Le Parc de Bercy
ベルシー公園

P.137 **Piscine Joséphine-Baker**
ジョセフィーヌ・ベーカー
市民プール

Passerelle Simone de Beauvoir

Bibliothèque François-Mitterrand
フランス国立図書館

100m

16区

Map 16

Immeuble Guimard
ギマール集合住宅

Jasmin
ジャスマン

rue Henri Heine

rue Jean de la Fontaine

rue George Sand

P.120 **Castel Béranger**
カステル・ベランジェ
（散策スポット／アール・ヌーヴォー建築）

rue de Boulainvilliers

エッフェル塔 P.150・Map 9

Maison de Radio-France
フランス放送会館

P.121 **Hôtel Mezzara**
メザラ邸
（散策スポット／アール・ヌーヴォー建築）

Ensemble immobilier Guimard
ギマールの集合住宅群

Pont de Grenelle
グルネル橋

Immeuble Trémois
トレモワ集合住宅

Immeuble Houyvet
ウイヴェ集合住宅

Hôtel Guimard P.121
ギマール邸
（散策スポット／アール・ヌーヴォー建築）

avenue T. Gautier

avenue de Versailles

rue Poussin

Statue de la Liberté Paris
白鳥の小径と自由の女神

Seine セーヌ川

Michel Ange Auteuil
ミシェル・アンジュ・オートユ

Eglise d'Auteuil
エグリーズ・ドートイユ

100m

●グルメ　♠ライフスタイル　■ショッピング　◆アート　●散策　♠カルチャー　■ホテル

153

おわりに

『ぎゅっと旅するパリ 暮らすように過ごすパリ』は、私たちにとって、約5年ぶりのパリのガイドブックとなりました。海外旅行はもちろん、国内旅行すらままならなかったコロナ禍を経たこともあり、この本を読んでくださる皆さんが、心から楽しいと感じていただける場所にご案内したいと、いつも以上に慎重に、ふたりで相談を重ねて、ひとつひとつ丁寧に選びました。

パリ初心者さん、日数が限られている人、パリを良く知るリピーターさん、のんびり滞在できる人など、さまざまな人にお役立ていただけるよう、誰もが知る有名なモニュメントから、フランスに暮らす私たちだからこそ自信を持っておすすめできるお店や穴場スポットまで、バランスのとれたセレクトを心がけました。今すぐパリに来られない人でも、写真を眺めながら、パリの空想旅行を楽しんでもらえるとうれしいです。

今回久しぶりにご一緒させていただき、私たちの世界観を素敵にレイアウトしてくださったデザイナーのME&MIRACOさん、ガイドブックの要となる地図制作を丁寧に手がけてくださった山本眞奈美さん、そして、的確なアドバイスで私たちを最後まで導いてくださった世界文化ブックスの篠崎幹夫さんに、この場を借りて心から感謝いたします。

Mille mercis à tous les magasins et restaurants qui nous ont chaleureusement accueillies.

2023年8月 パリにて
トリコロル・パリ
荻野雅代・桜井道子

荻野雅代
Masayo Ogino Chéreau

新潟県生まれ。高校時代からフランス映画と音楽をこよなく愛し、2002年に念願の渡仏。ヌーヴェルヴァーグからフレンチポップス、さらにはゴシップにまで精通するマニアぶり。昔ながらの手仕事や紙ものも大好きで、いろいろなお店を巡っては、新しいクリエイターさんや「かわいいもの」探しにいそしんでいる。

桜井道子
Michiko Sakurai Charpentier

京都府生まれ。1996年の語学留学をきっかけにフランスにはまり、2000年からパリ在住。仕事柄、そしてプライベートでもパリの街歩きが大好きで、毎日のように出かけては、心にぐっときた街角の写真を撮ったり、新しいアドレスを開拓したりしている。パリに住みながらも、まるでパリを旅しているような新鮮な感動を日々もらっている。

トリコロル・パリ
TRICOLOR PARIS
tricolorparis.com

フランス在住の日本人ふたり組(荻野雅代・桜井道子)。2010年にパリとフランスの情報サイトを立ち上げ、おすすめレストランやイベントなどの観光情報をはじめとして、独自の目線でフランスの素顔を発信している。『フランスの小さくて温かな暮らし 365日——大切なことに気づかせてくれる日々のヒント』(自由国民社)、『超初級から話せる フランス語声出しレッスン』(アルク)など著書多数。

staff
デザイン　塲 美奈　塚田佳奈 [ME&MIRACO]
地図制作　山本眞奈美 [DIG.Factory]
DTP　　　株式会社明昌堂
校正　　　株式会社円水社
編集　　　篠崎幹夫

ぎゅっと旅するパリ
暮らすように過ごすパリ

発行日　2023年10月5日　初版第1刷発行
　　　　2024年8月10日　　第3刷発行

著者・撮影　トリコロル・パリ
　　　　　　荻野雅代　桜井道子
発行者　　　岸 達朗
発行　　　　株式会社世界文化社
　　　　　　〒102-8187 東京都千代田区九段北4-2-29
　　　　　　電話　03-3262-5118 (編集部)
　　　　　　電話　03-3262-5115 (販売部)
印刷・製本　株式会社リーブルテック